A ESSÊNCIA DA
Sorte

EDITORA AFILIADA

Coleção Pensamentos e Textos de Sabedoria

A ESSÊNCIA DA
Sorte

A Essência da Sabedoria dos Grandes Gênios de Todos os Tempos

MARTIN CLARET

A ARTE DE VIVER

Créditos

© Copyright Editora Martin Claret, 2002

**IDEALIZAÇÃO E
REALIZAÇÃO**
Martin Claret

Digitação
Conceição A. Gatti Leonardo

CAPA
Édipo e a Esfinge (1826 - detalhe),
Jean Auguste Ingres
(Ver pág. 125)

Editoração Eletrônica
Editora Martin Claret

Fotolitos da Capa
OESP

MIOLO
Revisão
Patrícia Lacerda

Papel
Off-Set, 75g/m²

Direção de Arte
José Duarte T. de Castro

Impressão e Acabamento
Paulus Gráfica

EDITORA MARTIN CLARET
R. Alegrete, 62 – Bairro Sumaré – São Paulo-SP
CEP 01254-010 - Tel.: (11) 3672-8144 – Fax: (11) 3673-7146
www.martinclaret.com.br

Agradecemos a todos os nossos amigos e colaboradores — pessoas físicas e jurídicas — que deram as condições para que fosse possível a publicação deste livro.

Este livro foi impresso no verão de 2002.

A ARTE DE VIVER

Seja Profeta de Si Mesmo

Martin Claret

"A função derradeira das profecias não é a de predizer o futuro, mas a de construí-lo."

Somos criaturas programáveis

Caro leitor: não é por acaso que você está lendo este livro-clipping. Nada acontece por acaso. Tudo acontece por uma causa.

Possivelmente a causa de você o estar lendo, seja a sua vontade de obter mais informações, ou expandir a sua consciência. A causa, também, pode ser a força da minha mentalização.

Cientistas, antropólogos, psicólogos e educadores têm afirmado que o ser humano é uma criatura culturalmente programada e programável.

Eis aí uma grande verdade.

Seu *hardware* e seu *software*

Nosso cérebro e nosso sistema nervoso — o nosso hardware *(a máquina) — é mais ou menos igual em todas as pessoas. A grande diferença que faz a diferença é o que está gravado ou programado no cérebro, isto é, o nosso* software *(o programa).*

Explicando de uma maneira extremamente simplificada, você tem três tipos de programação: 1ª- a programação genética (o instinto); 2ª- a programação sócio-cultural (família, amigos, escola, trabalho, líderes espirituais e políticos, livros, cinema, TVs, etc.); 3ª- a autoprogramação ou a programação feita por você em você mesmo.

Na primeira programação você não tem nenhum controle; na segunda, tem controle parcial; e na terceira programação você tem controle total.

É fundamental que você saiba, conscientemente, controlar o terceiro tipo de programação, ou seja, a autoprogramação.

Um método de autoprogramação humana

*Todos os livros-*clippings *da coleção* Pensamentos de Sabedoria *foram construídos para conduzir você a se autoprogramar para um estado de ser positivo, realístico e eficiente.*

Depois de longa pesquisa e vivência — análise e intuição — concluí que há, e sempre houve, um método simples e seguro de autoprogramação.

As informações adquiridas através da leitura de "historinhas", parábolas, fábulas, metáforas, aforismos, máximas, pensamentos, etc., podem, eventualmente, atingir seu subconsciente sem passar pelo crivo do consciente analítico e bloqueador. Esta prática permite, sem grande esforço, implantar em seu sistema automático perseguidor de objetivos, uma programação incrivelmente podero-

sa e geradora de ação.

Sabemos — o grande objetivo da educação não é apenas o saber, *mas a* ação.

Um dos maiores Mestres de nosso tempo e um gênio na Arte de Viver, formalizou, com incrível simplicidade, este princípio, quando ensinou: "Pedi e vos será dado; buscai e achareis; batei e vos será aberto. Pois todo o que pede, recebe; o que busca, acha; e ao que bate, se abrirá."

Hoje, em plena era da informática com a conseqüente revolução da comunicação, estamos compreendendo esses eficientes recursos que temos inerentemente dentro de nós.

Um livro "vivo" e motivador

A coleção Pensamentos de Sabedoria *foi idealizada e construída para nos programar (autoprogramar) para a plenitude da vida. São 72 volumes de 112/128 páginas, no formato de bolso 11,5 x 18 cm com textos essencializados, de alta qualidade gráfica, periodicidade mensal, baixo custo e distribuição a nível nacional.*

Este livro começa onde o leitor o abrir. Ele não tem início nem fim. Pode continuar na nossa imaginação.

A essência da sabedoria dos grandes mestres espirituais, líderes políticos, educadores, filósofos, cientistas e empreendedores está aqui reunida de uma maneira compacta e didaticamente apresentada.

Buscamos a popularização do livro.

A foto e o pequeno perfil biográfico do autor de cada pensamento têm a função de facilitar a visualização do leitor. As "historinhas", ou "cápsulas" de informação, estão apresentadas com extrema concisão. As principais emoções e os mais importantes assuntos do conhecimento humano, bem como a vida de personalidades imortais, estão presentes nos 72 volumes. Cada título da coleção Pensamentos de Sabedoria *é um livro "vivo", motivador e transformador. Oferecemos o livroterapia.*

Uma paixão invencível

Minha permanente paixão cultural (já o disse em outros trabalhos) é ajudar as pessoas a se auto-ajudarem. Acredito ser esta minha principal vocação e missão. Quero "claretizar" as pessoas, ou seja, orientá-las no sentido de que vivam plenamente e tenham uma visão univérsica do mundo. Que sejam e que vivam harmonizadamente polarizadas.

Você tem o poder de genializar-se.

Este é o meu convite e o meu desafio lançado a você, leitor. Participe do "Projeto Sabedoria" e seja uma pessoa cosmo-pensante e auto-realizada.

"Pensar que É faz realmente SER".

Leitor amigo: vamos, juntos, construir uma poderosa força sinérgica para o nosso desenvolvimento pessoal e para o desenvolvimento de todas as pessoas de boa vontade.

Comece rompendo seus limites, modelando os grandes gênios. Visualize-se como já sendo "um vencedor do mundo".

Seja profeta de si mesmo.

A ARTE DE VIVER

BERLIOZ (Louis Hector) - Compositor musical francês, nascido em La Côte-Saint-André. Estudou medicina, mas não concluiu, dedicando-se à música erudita. Em 1830 conquistou o grande Prêmio de Roma com a cantata *Sardanapalo*. Foi o reformador da Orquestra Sinfônica, ampliando o número de componentes. Sua obra *Tratado de Instrumentação e Orquestração* serviu de orientação à maioria dos compositores que o sucederam. É considerado um dos maiores nomes do Romantismo musical. Outras obras importantes de Berlioz: *O Corsário* (abertura); *Réquiem* (sinfonia dramática); *A Danação de Fausto* (ópera). (1803 - 1869).

> A sorte de ter talento não é suficiente; é preciso, também, ter talento para a sorte.

A ARTE DE VIVER

Desafiando as Regras

Roger Von Oech

"Todo ato de criação é, antes de tudo, um ato de destruição."
Picasso

Se construir padrões fosse a única coisa necessária para criar novas idéias, todos nós seríamos gênios criadores. O pensamento criativo não é só construtivo — é destrutivo também. Como foi dito no capítulo de abertura, o pensamento criativo inclui brincar com o que se sabe — e isso pode significar o rompimento de um padrão para a criação de um outro, novo. Portanto, uma estratégia eficaz de pensamento criativo consiste em bancar o revolucionário e desafiar as normas. Quer um bom exemplo?

No inverno de 333 a. C., o general macedônio Alexandre e seu exército chegam à cidade asiática de Górdio para se aquartelar. Durante sua estada, Alexandre ouve falar da lenda sobre o famoso nó da cidade, o "nó górdio". Uma profecia diz que aquele que desatasse o nó, estranhamente complicado, se tornaria rei da Ásia.

Esta história intriga Alexandre, que pede para ser levado até onde estava o nó, pois queria desatá-lo. Ele o estuda por alguns instantes, mas, após infrutíferas tentativas de achar a ponta da corda, não vê saída. "Como poderei desatar o nó?", pergunta.

Então, ele tem uma idéia: "Basta estabelecer minhas próprias regras sobre como desatar nós". Ato contínuo, Alexandre puxa da espada e corta o nó ao meio. A Ásia lhe estava destinada.

Copérnico quebrou a regra de que a Terra se encontra no centro do Universo. Napoleão rompeu as normas sobre a forma adequada de se fazer uma campanha militar. Beethoven desobedeceu as leis que indicavam como uma sinfonia devia ser composta... Picasso rompeu a regra de que um selim serve para a pessoa se sentar enquanto pedala, andando de bicicleta. Pense: quase todos os avanços na arte, na ciência, na tecnologia, nos negócios, em marketing, na culinária, na medicina, na agricultura e no desenho industrial aconteceram quando alguém questionou as normas e tentou uma outra abordagem.

(In: *Um "Toc" na Cuca*, Roger Von Oech, Livraria Cultura Editora, São Paulo, 1995.)

A ARTE DE VIVER

AUSTREGÉSILO DE ATHAYDE - Escritor brasileiro, professor, conferencista, orador, jornalista, membro e presidente da Academia Brasileira de Letras até 1993. Nasceu na cidade de Caruaru (PE). Entre suas muitas atividades, foi delegado do Brasil na III Assembléia da ONU, em Paris, e membro da comissão que redigiu a Declaração Universal dos Direitos Humanos. Está entre os brasileiros ilustres mais laureados e condecorados no país e no Exterior. Entre suas obras encontra-se *Filosofia dos Direitos Humanos*. (1898-1993).

Pensai sempre no triunfo e não esperai pela sorte. Pensamento e ação são nossas diretrizes.

A ARTE DE VIVER

A Ingratidão e a Injustiça dos Homens com Relação à sua Sorte

Jean de La Fontaine

Um mercador pelos mares comerciava,
E a cada viagem mais rico ficava.
Nenhum golfo ou rocha sua paz abalava;
Nenhum navio com mercadorias voltava.

Outros conheciam a triste adversidade,
O Destino e Netuno tinham forte vontade.
A Fortuna o aportava com tranqüilidade;
Seus servos tinham zelo e habilidade.

Vendia tabaco, açúcar, toda especiaria,
Sedas, porcelanas; que mais você queria?
Sua fortuna, nenhuma outra igualaria:
Tinha "a chave de ouro" que tudo abria.

Teve milhões em ouro, luxuosas roupagens,
Só em ouro lhe falavam as mensagens.
Cães, cavalos, postilhões de carruagens,
A Fortuna caprichava nas homenagens.

Um amigo perguntou a origem do esplendor.
E ele: "Eu sei a hora certa, sim, senhor;
De pedir, de emprestar seja o que for:
Tenho cuidado e talento, e tudo ao dispor."

Seus lucros eram de tal alçada
Que arriscou outra bela jogada.
Mas a frota acabou malograda:
Imprudente, penou com a empreitada.

Um navio velho na chuva naufragou,
E outro, um bando de piratas levou;
O terceiro até o porto, ileso, chegou,
Mas a mercadoria ninguém comprou.

A Sorte só dá uma chance, nós sabemos;
Reverteu seus servos em ladrões, aos remos.
O Destino o abateu com um golpe, e veremos,
Deixou a lição que raramente esquecemos.

O amigo soube da sua dor sem demora.
"Foi a Sorte, ai!", o mercador chora.
"Anime-se," diz o amigo, "e agora
Seja mais sábio com o mundo lá fora.

Dou-lhe um conselho saudável:
Costuma atribuir, o homem instável,
Ao Trabalho, a paz e a fortuna amável,
Ao Destino tudo que é desagradável!"

Pois dava vez que nós erramos,
Espantados, não nos conformamos;
É sempre assim, logo nos queixamos
E o Destino ou a Sorte culpamos.

O bem obtemos por nossa conta,
Mas o mal nos prende, nos monta;
Sempre certos, a verdade desponta:
Sempre o Destino é quem apronta!

(In: *O Livro das Virtudes II*, William J. Bennett, Editora Nova Fronteira, Rio de Janeiro, 1996.)

A ARTE DE VIVER

BERGSON (Henri-Louis) - Filósofo e professor francês, filho de judeus-irlandeses. Doutor em Letras, recebeu o Prêmio Nobel de Literatura em 1928. Foi membro da Academia Francesa e presidente do Comitê de Cooperação Intelectual da Liga das Nações. Durante a Primeira Guerra Mundial exerceu, também, a função diplomática. A filosofia de Bergson enfatizou a reflexão espiritualista e foi uma resposta às correntes filosóficas existentes até 1890, dominadas por idéias mecanicistas, materialistas e deterministas. Deixou muitas obras, entre elas *Matiére et Mémoire* (*Matéria e Memória*). (1859 - 1941).

> A vida não é, apenas, o produto de leis mecânicas, ao acaso. A correnteza da vida conduz o homem para o caminho da evolução.

A ARTE DE VIVER

Como Fazer a Própria Sorte

Max Aitken, Lorde Beaverbrook

Há uma atitude contra a qual procuro alertar o jovem que quer sair-se bem na vida. Poderia ser resumida na frase: "Confiar na sorte."

Nenhuma atitude pode ser mais hostil ao sucesso e não existe frase mais tola que esta.

Considero-a uma frase tola porque, em um universo governado pela lei de causa e efeito, estritamente falando, não pode existir algo como sorte. Há muita coisa contida no dito: "Não é por acaso que as tortas da Sra. Harris sempre são excelentes." Em outras palavras, a Sra. Harris era uma ótima cozinheira.

O mesmo acontece com o homem "de sorte". É justo supor que ele seja um indivíduo que é sempre industrioso e capaz.

O que realmente queremos dar a entender ao dizermos "Confiar na sorte" é "Confiar em circunstâncias que estão além de nosso controle". Entretanto, havendo qualquer possibilidade de controlar tais fatores, sem dúvida seria tolice deixar de controlá-los.

À medida que passam os anos, aumenta minha relutância em acreditar em qualquer espécie de sorte. Escrevi certa vez que "Tem mais sorte aquele que já nasce herdeiro de meio milhão de dólares do que quem nasce em uma favela". Não obstante, até isto deixou de ser verdadeiro para mim. Nascer na pobreza pode tornar-se um incentivo, enquanto nascer na riqueza talvez conduza à ruína.

Se um desastre destruísse a fortuna de um homem, algo que ele construiu após muitos anos de trabalho, naturalmente pensaríamos que tal indivíduo foi vítima de uma sorte ingrata. No entanto, o desastre talvez tenha sido causado por fatores que ele deixou de controlar — por negligência. Pode ser ainda que esse desastre fosse uma bênção dissimulada, forçando-o a exercitar os músculos intelectuais, prejudicados pela atrofia, ou a reforçar o caráter, enfraquecido em algum ponto até então insuspeitado.

Desta forma, não dogmatizo sobre a existência da sorte, exceto para dizer isto: não confiem nela!

A idéia de que alguns nascem com sorte e outros sem ela, da mesma forma como alguns nascem para ser altos e outros para ser baixos, é apenas disparatada.

A maioria da "boa sorte" pode ser explicada pela diligência e bom senso; a maior parte da "má sorte" tem sua explicação na falta destas qualidades.

O credo do jogador foi definido como uma crença nas imaginadas tendências da chance em produzir eventos continuamente favoráveis ou desfavoráveis. Viver neste tipo de ambiente mental é viver em um pesadelo. Ele parece levar certas pessoas até a quase insanidade. Elas vivem consultando oráculos de um tipo ou de outro, quando não executam atos compulsivos, em incessantes esforços para propiciar a fortuna.

Acontece que a Fortuna não pode ser bajulada

por semelhante adoração fetichista. Pode apenas ser atraída e conquistada pelo trabalho árduo.

A lei de certos jogos de azar é inexorável. É inevitável, por exemplo, em jogos de cartas como a canastra ou a *cribbage*, que a longo prazo um jogador experiente derrote um com menos experiência. Assim também acontece no grande jogo da vida. O vitorioso será aquele que, graças ao total de suas qualidades, *merece* ser vencedor. Quem fracassa é porque mereceu fracassar, e nada mais que isto: ele confiou na sorte, quando deveria ter confiado em si mesmo.

É possível que a maior parte das pessoas tenha algo de jogador. Não obstante, só alcançamos o verdadeiro sucesso quando levamos a melhor sobre esse diabinho ou demônio. Nos negócios, o jogador está vencido, antes mesmo de começar a jogar.

Consideremos o jovem que aposta tudo, na esperança de que alguma chave mágica para o sucesso lhe seja oferecida em uma bandeja de ouro. Sua situação é patética. Ele recusa consistentemente boas ofertas ou mesmo boas chances de trabalho, apenas porque não as considera à sua altura. Assim, espera que a Sorte lhe apresente, de modo inesperado, uma posição já estabelecida ou uma possibilidade excepcional, convenientes à alta opinião que tem sobre a própria capacidade. Após algum tempo, os outros se cansam e deixam de fazer-lhe qualquer tipo de oferta.

Ao cortejar a Sorte; este jovem negligenciou a Oportunidade.

Homens assim, quando chegam à idade madura, encaixam-se em uma classe bem conhecida. Podem ser vistos espreitando companheiros mais diligentes e mais bem-sucedidos, a fim de contar-lhes uma história do infortúnio que os perseguiu durante a vida, impedindo que colhessem o que deveria ser seu. Tais indivíduos desenvolvem a terrível enfermidade conhecida como "o talento dos que não tentaram".

Muito diversa é a atitude do homem que realmente pretende ser bem-sucedido.

Esse homem expulsará a idéia de sorte de sua mente. Aproveitará toda e cada oportunidade, por menor que ela possa parecer, mas que seja capaz de conduzi-lo à possibilidade de coisas maiores. Ele não ficará à espera de que o fantástico conceito denominado Sorte o impulsione em sua carreira, com toda pompa e magnificência. Tal indivíduo fabricará a própria oportunidade, cujas chances serão desenvolvidas por sua diligência. É possível que erre aqui e ali, devido à falta de experiência e de bom senso. No entanto, através das próprias derrotas, aprenderá a melhorar no futuro e, quando na maturidade de seu conhecimento, alcançará o sucesso.

Pelo menos, ninguém o encontrará sentado e lamentando a sorte que lhe foi contrária.

Falta ainda ser ponderado um argumento mais sutil, em favor da crença na sorte. Acontece que certos homens são dotados de uma espécie de sexto sentido, de maneira que sabem, pelo instinto, que empreendimento poderá ser vitorioso ou fracassar, se o mercado subirá ou cairá. Supõe-se que esses homens trilhem o caminho do sucesso graças ao que poderia ser chamado como uma série de "intuições".

Não dê crédito a nenhuma dessas asneiras místicas.

A verdadeira explicação é bem diferente.

Homens de prestígio, que permanecem em

íntimo contato com as grandes questões políticas ou financeiras, freqüentemente agem em decorrência do que pareceria ser o instinto. A verdade, no entanto, é que eles absorveram, através de um cauteloso e contínuo estudo de eventos, tal dose de conhecimento que dão a impressão de chegar a uma conclusão "sem parar para pensar", da mesma forma como o coração pulsa sem qualquer estímulo consciente do cérebro. Se alguém lhes perguntar quais foram os motivos de suas decisões, responderão que foi "apenas um palpite". No entanto, a mente consciente desses homens não leva em consideração a longamente acumulada experiência que jaz sob o nível de seu pensamento consciente.

Quando eles se revelam acertados em suas previsões, o mundo exclama: "Que sorte!" Seria melhor se o mundo exclamasse: "Que bom senso! Que incrível experiência possuem!"

O especulador "com sorte" é um tipo de pessoa muito diferente. Ele executa um ou dois golpes brilhantes e então desaparece, em algum desastre avassalador. É tão rápido em fazer fortuna como em perdê-la.

Nada, exceto o bom senso e a diligência, respaldados pela saúde, garantirá um sucesso verdadeiro e permanente. O resto é mera superstição.

É natural que os jovens tenham esperança, mas se esta passa a ser uma crença na sorte, então torna-se prejudicial e debilitante.

Hoje em dia, a juventude tem uma esplêndida oportunidade pela frente, mas deve ser sempre lembrado que nada mais conta além do trabalho e do cérebro. E um homem pode desenvolver seu poder cerebral.

Nenhuma fada-madrinha fará um jovem flutuar diretamente para o sucesso. Ele só conseguirá atingir esse objetivo através do trabalho infatigável e do senso de direção.

Não existe um substitutivo para o trabalho. Quem não gosta de trabalhar jamais conquistará um sucesso permanente. No máximo, conseguirá apenas o essencial à sua sobrevivência.

(In: *As Três Chaves do Sucesso*, Lorde Beaverbrook, Editora Record, Rio de Janeiro, 1954.)

> **Quando a sorte bater à sua porta, convide-a a ficar para o jantar.**

Jackson Brown
(Escritor)

A ARTE DE VIVER

Como Motivar a Si Mesmo

Napoleon Hill e W. Clement Stone

Que é motivação?
Motivação é aquilo que *induz à ação* ou *determina a escolha*. É o que *proporciona um motivo*. Um motivo é o "impulso interior", *somente de dentro do indivíduo*, que o incita à ação, tal como uma idéia, um desejo ou um impulso.

É a esperança ou *outra força* que dá início a uma ação, numa tentativa de produzir determinados resultados.

Motivando a si mesmo e aos outros.

Quando conhece princípios que podem motivá-lo, você, então, saberá princípios que poderão motivar outras pessoas. Ao contrário, quando você conhece princípios que podem motivar outras pessoas, você, então, conhece princípios que o podem motivar.

Como motivar a si mesmo é o propósito deste capítulo. Como motivar a si mesmo e aos outros, com uma atitude mental positiva, é o propósito deste livro. Em essência, este é um livro sobre motivação.

Nosso propósito, ao ilustrar determinadas experiências de sucesso e de fracasso de outras pessoas, é motivar você à ação desejável.

Ora, daqui por diante, para motivar-se, tente entender princípios que motivam outras pessoas — para motivar os outros, tente compreender os motivos que motivam você.

Motive-se com AMP e você dirigirá seus pensamentos, controlará suas emoções e porá ordem em seu destino.

Motive a você mesmo e aos outros com o mágico ingrediente.

Qual é o mágico ingrediente?

Um homem, especialmente, descobriu-o. Eis a história.

Alguns anos atrás, esse homem, um bem-sucedido fabricante de cosméticos, aposentou-se aos sessenta e cinco anos. A cada ano, desde então, seus amigos lhe oferecem uma festa de aniversário e, de cada vez, pediam-lhe que divulgasse a fórmula. Ano após ano, ele se recusava, jeitosamente. Contudo, ao completar setenta e cinco, os amigos, meio de brincadeira, meio a sério, mais uma vez lhe pediram que revelasse o segredo.

— Vocês têm-se mostrado tão maravilhosos para mim, durante estes anos, que, agora, eu lhes contarei — disse ele. — Como vêem, em acréscimo às fórmulas usadas por outros fabricantes, adicionei o mágico ingrediente.

— Qual é o mágico ingrediente? — perguntaram-lhe.

— Nunca prometi a uma mulher que meus cosméticos a fariam bela, mas sempre lhe dei essa esperança.

Esperança é o mágico ingrediente!

A esperança é um desejo com a expectativa de obter o que é desejado e a crença de que seja possível obtê-lo. Uma pessoa consciente reage àquilo que para ela é desejável, crível e atingível.

E ela, também, subconscientemente reage ao impulso interior que induz à ação quando a sugestão do ambiente, a auto-sugestão ou a auto-sugestão consciente causam a libertação dos poderes de seu subconsciente. Sua resposta à sugestão pode desenvolver obediência, que é direta, neutra, ou, ao contrário, ação diante de um símbolo específico. Em outras palavras, há vários tipos e graus de fatores de motivação.

Todos os resultados têm uma determinada causa, que são seus motivos.

A esperança, por exemplo, motivou o fabricante de cosméticos a estruturar um negócio lucrativo. Também a esperança motivou as mulheres a comprar seus cosméticos. A esperança também haverá de motivá-lo.

(In: *Sucesso Através de uma Atitude Positiva*, Napoleon Hill e W. Clement Stone, Editora Best Seller, São Paulo, 1965.)

A ARTE DE VIVER

OVÍDIO (Publius Ovidius Naso) - Poeta latino, descendente de uma rica família de Sulmana. Iniciou sua carreira pelos estudos jurídicos, mas abandonou-os, dedicando-se à poesia. Gozava de grande prestígio na corte imperial. Contudo, por razões políticas (segundo alguns historiadores) foi banido de Roma. Entre suas obras (que chegaram até o século XX), incluem-se: poemas eróticos, mitológicos, elegias, uma sátira e fragmentos de um poema didático. Sua obra mais importante é *As Metamorfoses*, de tema mitológico. (43 a.C. - 18 d.C.).

> *A sorte é imprevisível. Que o teu anzol esteja, pois, sempre atirado às águas. Num açude onde menos se espera, aparecerá um peixe.*

A ARTE DE VIVER

Espere Milagres
Faça que Eles Aconteçam

Norman Vincent Peale

O lojista abria um pacote de mercadorias inglesas. Como sempre, a forma pela qual os britânicos embalam as coisas deixou-o admirado: o barbante bem amarrado, o cuidado meticuloso, o embrulho feito com o máximo carinho.

Em cima das coisas havia um cartão: "Espere um Milagre." Apenas isso, nada mais. O lojista já ia atirando o cartão à cesta do lixo, mas algo o deteve. "Que será isto: Espere um Milagre? — pensou. — Quem colocou aí esse cartão? Teria sido por engano? Talvez tenha caído do bolso de alguém. Ou estarão tentando mandar-me um recado? Mas por quê?"

O lojista guardou o cartão no bolso da camisa e esqueceu-se do incidente. À noite, porém, ao esvaziar os bolsos, deu com ele.

— Veja isto — disse à mulher. — "Espere um Milagre" — Que diabo quer dizer isto?

A mulher, igualmente intrigada, revelou no entanto maior dose de percepção.

— Talvez seja isso o que estamos precisando. Nossos problemas parecem tão graves. Que aconteceria se começássemos a esperar coisas maravilhosas ao invés de esperar sempre pelo pior? Milagre não é coisa que acontece?

Aquela frase: "Espere um Milagre" começou a entranhar-se nos pensamentos do casal. Como quase todas as pessoas, eles tinham problemas: um grande, e numerosos outros de pequena monta. Na manhã seguinte disse a esposa:

— Experimentemos pegar esse probleminha que nos aborrece e esperar um milagre. Não temos nada a perder pondo à prova esse negócio.

— Alguma mágica?

— Não sei — retorquiu ela. —Talvez a gente tenha alguma nova idéia. Talvez exista solução. De qualquer forma, que me diz? Esperemos um milagre... esperemos de verdade durante alguns dias e vejamos o que acontece.

E que aconteceu? Bem, os dois tomaram a primeira providência no sentido de solucionar o probleminha, acreditando que ele comportava solução. Depois foram mais além, acreditando que a solução viria e que, na verdade, já estava a caminho. E milagres, pequeninos milagres, começaram a acontecer. Estranhas coincidências começaram a ocorrer. Experiências de todos os tipos começaram a suceder-se — todas elas diferentes entre si. Os próprios esposos mudaram, tornando-se otimistas, esperançosos. Em conseqüência, quando os pequenos problemas começaram a desaparecer, o grande problema quis parecer-lhes menos formidável.

"Quem nos terá mandado este cartão?" — ruminava o lojista certo dia. "Jamais ficaremos sabendo."

— Eu sei quem foi — disse a mulher com doçura. — Embora Esse de quem eu falo não costume mandar mensagens impressas.

O fato relevante é que quando alguém começa a esperar milagres, sua mente se condiciona de tal forma que ele começa realmente a fazer com que os milagres aconteçam. Ele sintoniza a faixa de freqüência dos milagres. Suas capacidades naturais se focalizam positiva e não negativamente. Forças criativas são liberadas em sua mente. A evasão dos valores é contida e revertida. A vida deixa de fugir dele e passa a correr para ele. As perspectivas negativas que afugentavam as positivas dão lugar a estas últimas, que atraem unicamente o bem.

Uma das definições de dicionário da palavra milagre é: "maravilhoso e superior exemplo de alguma qualidade". Embora a palavra tenha amiúde sido usada para designar algum acontecimento sobrenatural, ulterior a todos os poderes humanos ou naturais conhecidos, não é esse o seu único sentido. Existe também a referência à "capacidade de produzir efeitos maravilhosos e surpreendentes". E isso depende de um "maravilhoso e superior exemplo de alguma qualidade" para citar ainda uma vez o dicionário.

É com essa qualidade que desejamos nos envolver, essa qualidade mental em que se encontra a capacidade de acreditar que nada é bom demais para ser verdade. É a capacidade de esperar milagres e, na verdade, fazer com que milagres (coisas maravilhosas) aconteçam.

(In: *Você Pode, se Acha que Pode*, Norman Vincent Peale, Editora Cultrix, São Paulo, 1974.)

A ARTE DE VIVER

SCHILLER (Johann Christoph Friedrich) - Escritor, poeta, filósofo e dramaturgo alemão. Teve uma influência decisiva sobre a civilização alemã do século XIX. Suas idéias estéticas e políticas, de um liberalismo moderado, infiltraram-se na mentalidade alemã do século XIX, dominando o teatro e o ensino, fornecendo à língua alemã grande número de frases e expressões. Entre as numerosas obras que deixou encontram-se a peça: *Die Rauber (Os Bandoleiros)*; versos: *Don Carlos*; histórica: *História da Guerra dos Trinta Anos*; filosofia: *Uber Anmut und Wurds (Sobre a Graça e a Dignidade)*; dramaturgia: *Maria Stuart*. (1759 - 1805).

> O Universo
> não é um acaso.
> É um dos pensamentos
> de Deus.

A ARTE DE VIVER

O Azar Pode Ser Sorte

Dr. Lair Ribeiro

"Ah! Mas fulano tem sorte", é o que alguns sempre dizem. Sorte NÃO existe. Sorte é quando *preparação* encontra *oportunidade*.

Em 1975, eu morava em Teófilo Otoni, uma cidade do Nordeste de Minas Gerais. Numa sexta-feira à tarde, recebi o telefonema de um hotel dizendo que havia um hóspede com dor no peito. Eu me preparava para um fim de semana prolongado e pedi que chamassem outro cardiologista. Mas alegaram que já haviam feito isso, sem êxito. Assim, aceitei. Fiz um eletrocardiograma na pessoa e diagnostiquei um infarto do miocárdio. Levei-o para o hospital. Lá, o paciente perguntou-me se eu conhecia seu filho, Peter Maroko. Disse-lhe que conhecia seus trabalhos de cardiologia, mas não pessoalmente. Peter era chefe do Departamento de Pesquisas da Universidade de Harvard. Dois dias depois, Peter chegou de Harvard para ajudar-me no tratamento do pai dele. Isso durante 15 dias. Na véspera de sua partida, eu tinha que dar aula para um grupo de médicos do hospital, de especialidades diferentes, sobre arritmias no infarto agudo do miocárdio. Como Peter iria assistir à aula, pedi licença aos meus colegas para elevar o nível da palestra. Todos concordaram. No final da aula, Peter veio a mim e perguntou-me: "Você gostaria de ir para Harvard?"

Quando as pessoas ouvem esta história, costumam comentar: "Lair, você é uma pessoa de sorte. Estava numa cidade do Nordeste de Minas Gerais e, de repente, é convidado para a Universidade de Harvard!" Sorte coisa nenhuma. Eu estava preparado. Havia estudado muito e a oportunidade apareceu. Se não me preparasse com profundidade, jamais teria recebido o convite.

Esteja preparado, pois as oportunidades aparecem a todo momento. Quem não está preparado perde as oportunidades, e muitas vezes nem as percebe.

(In: *O Sucesso não Ocorre Por Acaso*, Dr. Lair Ribeiro, Editora Objetiva, Rio de Janeiro, 1996.)

A ARTE DE VIVER

HENRY FORD - Industrial norte-americano, nascido em Greenfield Village, Michigan. Colocou o automóvel ao alcance da classe média e revolucionou o modo de vida norte-americano. Foi a grande figura propulsora do desenvolvimento vertiginoso da indústria automobilística. Seu método de produção em massa (denominado "fordismo"), foi imitado por outras indústrias e por outros países. É considerado o maior gênio industrial do século. (1863 - 1974).

> *Os dias prósperos não vêm ao acaso; nascem de muita fadiga e persistência.*

O que Torna as Pessoas Bem-Sucedidas?

Dr. Walter Doyle Staples

Você já pensou no que distingue uma pessoa bem-sucedida de outra que não é? Na razão pela qual uma pessoa é capaz de alcançar mais sucesso do que outra? Milhares de estudos têm sido conduzidos, ao longo dos anos, para encontrar a resposta.

Muitos grandes pensadores e escritores passaram suas vidas tentando responder a essa mesma pergunta: por que algumas pessoas têm, consistentemente, mais sucesso que as outras, em todos os aspectos das suas vidas? Elas têm mais amigos, gozam de saúde melhor, têm alto desempenho, ganham mais dinheiro e beneficiam-se de relacionamentos mais efetivos e amorosos que as outras.

Uma crença comum de muitas pessoas é que o sucesso na vida é o resultado de fatores hereditários, do ambiente da infância, de boa sorte ou de uma combinação de todas essas coisas. À primeira vista, parece haver alguma base lógica para esse ponto de vista. Afinal de contas, não se pode escolher os pais que se tem, nem a cidade em que se nasce, nem a nacionalidade. Em geral, não somos consultados também sobre quantos irmãos queremos, que língua vamos falar ou os vizinhos que temos. Assim, a composição genética e o ambiente dos seus pais tornam-se automaticamente uma parte importante da sua vida, goste você ou não.

Em primeiro lugar, quais são os fatos relacionados à teoria pela qual algumas pessoas estão destinadas ao sucesso somente por fatores hereditários?

Nenhum conjunto de genes é comum a todas as pessoas bem-sucedidas. Estas aparecem em uma ampla variedade de tamanhos, formas e cores, com atributos físicos e mentais diferentes. Não existem duas exatamente iguais. Há exemplos de gêmeos idênticos, com códigos genéticos exatamente iguais, em que um tem sucesso e o outro não. Todos nós também conhecemos pessoas que não foram bem-sucedidas em um ponto de suas vidas e prosseguiram para, mais tarde, alcançar grande sucesso, com seu código genético permanecendo exatamente o mesmo no processo.

O outro argumento, de que as pessoas são bem-sucedidas exclusivamente em resultado da sua formação, tem mais validade. Os pesquisadores têm descoberto que certos ambientes tendem a produzir certas características comportamentais, os positivos levando a positivos e vice-versa. As crianças que crescem em um gueto têm maior incidência de fracasso escolar e de criminalidade, por exemplo, do que as crianças que são criadas em bairros das classes média e alta. Mas também acontece o contrário. Famílias que vivem na pobreza têm produzido um bom número de descendentes bem-sucedidos, e famílias das classes média e alta produzem sua parcela de fracassos. Portanto, o sucesso não é garantido somente por fatores ambientais.

Existem, por outro lado, evidências esmagadoras em apoio à premissa pela qual o sucesso resulta mais de certos traços mentais e características de personalidade conhecidas como *atitudes*, do que de qualquer outro fator isolado. As atitudes são o resultado de escolhas que você fez — decisões de acreditar ou não em determinados aspectos da sua vida. Por exemplo, algumas pessoas optam por adotar crenças firmes em honestidade, integridade, desenvoltura, esforço e respeito por seus companheiros humanos. Outras não. Você tende a adotar essas crenças a partir do modo de pensar daqueles que o cercam, daqueles com quem teve contato e que atuaram como modelos durante os anos da sua formação. Até esse ponto, você é um produto da ampla gama de elementos sugestivos em seu ambiente.

Entretanto, atitudes e crenças positivas não são peculiares a nenhum ambiente. Elas simplesmente estão presentes em toda parte, em maior ou menor extensão, e você opta por torná-las ou não uma parte da sua vida. Está claro que vencedores não nascem, eles são feitos — uma crença essencial para todos os homens e mulheres de alto desempenho.

Considere as declarações abaixo, que demonstram determinados traços mentais característicos de todos os grandes realizadores:

• Sim, o que será será, mas ao invés de não fazer nada a respeito, eu pretendo fazer.

• Sim, eu acredito que meu destino está, em última análise, em minhas mãos, que aquilo que tiver que ser depende de mim.

• Sim, a sorte terá um papel em minha vida, mas somente à medida em que eu fizer acontecer aquilo que decidi que irá acontecer.

Essas pessoas acreditam que têm o controle de suas vidas e estão dispostas a aceitar plena responsabilidade por seu comportamento e pelos resultados que ele traz.

Agora, para afastar o último argumento de que a sorte é um fator importante, deixe que eu lhe conte uma antiga lenda chinesa, a qual ilustra claramente que a sorte tem pouco a ver com o sucesso na vida.

Contam a história de um velho que parecia ter de tudo. Ele tinha um filho querido, um cavalo premiado e muitas das coisas materiais desejadas pela maioria das pessoas. Um dia, porém, sua propriedade mais valiosa, o cavalo, escapou do curral e fugiu para as montanhas. Em um momento catastrófico, ele perdeu seu bem de valor inestimável.

Sabendo da calamidade, seus vizinhos vieram oferecer sua profunda solidariedade. Todos eles lhe diziam: "Seu cavalo foi-se, que má sorte!" Eles choravam e tentavam consolá-lo. Mas ele respondeu: "Como vocês sabem que é má sorte?"

De fato, alguns dias depois o cavalo voltou para casa, onde sabia que haveria comida e água em abundância. Juntamente com ele, vieram doze belos garanhões selvagens. Quando os aldeões ouviram a boa notícia, vieram todos cumprimentar o velho, dizendo: "Que boa sorte, treze cavalos!" E o velho sábio respondeu: "Como vocês sabem que é boa sorte?"

Eles se lembraram das palavras dele no dia seguinte, quando seu filho, seu único filho, tentou montar um dos garanhões selvagens. Ele foi derrubado, quebrou a perna e ficou manco permanentemente. Quando os vizinhos souberam do acidente, vieram novamente a ele e disseram: "Seu filho, aleijado para sempre. Que má sorte!" Mas o sábio velho mais uma vez perguntou: "Como vocês sabem que é má sorte?"

De fato, cerca de um ano depois, um chefe guerreiro veio à aldeia, recrutou todos os jovens fisicamente aptos e levou-os para uma batalha. A batalha foi perdida e todos os guerreiros foram mortos. O único jovem que restou na aldeia foi o filho manco do velho, pois ele não havia sido recrutado devido à sua deficiência física.

A moral da história é: você não sabe quando alguma coisa é boa sorte ou não; portanto, não conte com ela para chegar até onde quer ir.

(In: *Pense Como um Vencedor*, Dr. Walter Doyle Staples, Editora Pioneira, São Paulo, 1994.)

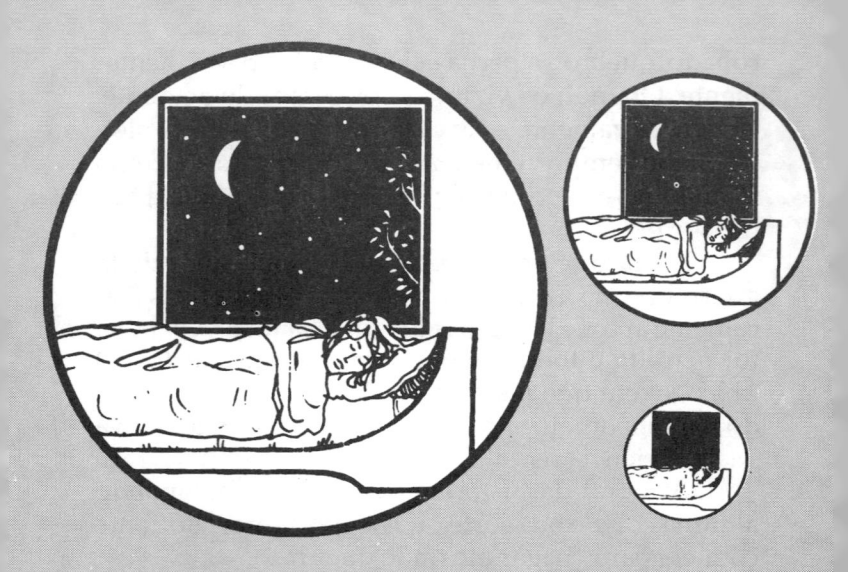

Einstein Não Joga Dados

Que é relatividade? O célebre matemático francês Henri Poincaré concebeu a seguinte "experiência imaginária" para explicar o conceito da relatividade. Suponhamos, dizia, que uma noite, enquanto estivéssemos profundamente adormecidos, *tudo, absolutamente tudo* no universo aumentasse mil vezes: O Sol, a Terra, as estrelas, nossa casa, nossa cama, nós mesmos, o comprimento das ondas luminosas, os átomos, os elétrons. Poderíamos, ao despertar, dizer que algo havia mudado? Não, respondia Poincaré, porque nada o demonstrava.

Não teria sentido algum dizer que o Universo havia se tornado maior, já que por esta expressão entendemos algo "maior" que "outra coisa". E tratando-se do universo, não existe nenhuma "outra coisa".

O conceito de tamanho é, pois, um conceito relativo.

A ARTE DE VIVER

Eis a Chave da Sorte

Robert J. O'Reilly

A chave talvez se encontre em algo que Henry Thoreau disse há muitos anos: "Se construíste castelos no ar, teu trabalho não há de perder-se: teus cabelos estão onde devem estar. Põe, agora, alicerce sob eles." Todos nós somos sonhadores. E para que sejamos bem-sucedidos, precisamos sonhar com o futuro.

Henry Ford talvez tenha sonhado fazer do automóvel parte necessária de nossa vida cotidiana, mas sua preocupação imediata foi conseguir que aquela primeira carruagem a gasolina rodasse. Era o fundamento do sonho.

Essa, contudo, é a fase crítica. Nela, o sucesso e o malogro acham-se divididos apenas por uma linha finíssima e o sonho, quando muito, é confuso.

Muitas pessoas transformam-se em "sonhadoras" por ofício e obtêm, do sabor das recompensas fictícias de seu mundo ilusório, um falso sentimento de realização. Sem o perceber, podemos, a tal altura, estar-nos relegando a possível malogro. E só quando volvemos os olhos para os anos perdidos e, na aspereza da realidade, vemos desaparecer os nossos castelos, é que, então, percebemos, de fato, ser tarde demais.

Para você descobrir se, tornando-se "sonhador" por ofício, está ou não criando obstáculos à sua própria pessoa, pense em algo — numa habilidade, num determinado serviço, num artigo de luxo — que quis intensamente durante bom tempo. Poderia ser um aumento apreciável no ordenado ou uma promoção. Ou, então, uma viagem a um lugar exótico, para passar as férias. Ou, ainda, a aptidão para falar perante grandes auditórios. Agora que pensou, faça a si mesmo as perguntas que se seguem:

1ª) Quanto tempo você sonhou com isso? Quando foi a primeira vez que pensou seriamente em tal?

2ª) Desde a ocasião em que pensou pela primeira vez nisso até o momento presente, *que providências definidas tomou, de fato,* para ajudá-lo a alcançar o objetivo? *(Se nenhuma, então você é sonhador da pior espécie).*

3ª) Se tivesse feito o maior esforço possível, a começar da primeira vez em que cogitou seriamente de semelhante objetivo, você já o teria atingido hoje? Ou estaria, pelo menos, muito mais próximo dele do que está agora? *(Se sim, então você é culpado de certo grau de sonho. Quanto mais longe seu objetivo ainda está da realização, tanto mais sonhador você é).*

O só construir tais castelos no ar é como dizer àquele bilheteiro:

— Gostaria de ir para o oeste.

A menos que nos definamos, é incerto se iremos chegar, algum dia, ao nosso destino. Este é, então, um dos grandes segredos da conquista daquilo que queremos na vida.

(In: *Pensamento Dinâmico*, Robert J. O'Reilly, Editora Cultrix, São Paulo, 1965.)

A ARTE DE VIVER

DEMÓSTENES - Orador e político ateniense. Considerado um dos melhores oradores de Atenas e o maior dentre aqueles cujas obras chegaram à atualidade. Sua vida foi dedicada à luta pela independência de Atenas. Foi preso mais de uma vez, porém conseguia fugir. Na última fuga refugiou-se no templo de "Poseidon", contudo, cercado pelos soldados do adversário, envenenou-se para não ser preso. Entre suas obras encontram-se os discursos: *Filípicas* e *Olintiantes*. (384 - 322 a.C.).

> Deixa o acaso e apega-te às pequenas oportunidades, que poderão ser o começo de grandes empreendimentos.

A ARTE DE VIVER

As Cinco Chaves para a Prosperidade e Felicidade

Anthony Robbins

"*O homem não é criação das circunstâncias. As circunstâncias é que são criação dos homens.*"

Benjamin Disraeli

Você tem agora os recursos para se responsabilizar por sua vida. Tem capacidade para formar representações interiores e produzir os estados que levam ao sucesso e ao poder. Ter a capacidade, porém, nem sempre é o mesmo que usá-la. Há certas experiências que vez por outra põem as pessoas em estados pobres de recursos. Há curvas na estrada, corredeiras nos rios, pessoas traídas. Há experiências que consistentemente evitam que as pessoas sejam tudo que poderiam ser. Neste capítulo, quero lhes dar um mapa mostrando onde estão os perigos e o que você precisa saber para superá-los.

Eu as chamo de as cinco chaves da prosperidade e felicidade. Se você for usar todas as habilidades que tem agora, se você for tudo o que pode ser, vai ter de entender essas chaves. Toda pessoa que tem sucesso, mais cedo ou mais tarde tem de entendê-las. Se você as entender, se puder usá-las consistentemente, sua vida será um sucesso indômito.

Tempos atrás, eu estava em Boston. Uma noite, depois do seminário, fui dar uma volta em Copley Square. Estava reparando nas construções, que vão de modernos arranha-céus até estruturas tão antigas como a América, quando reparei num homem oscilando para frente e para trás, vindo em minha direção. Seu aspecto era de quem estava dormindo nas ruas há semanas. Rescendia a álcool e parecia que não fazia a barba há meses.

Imaginei que se aproximaria e pediria dinheiro. Bem, assim você pensa, assim você atrai. Ele aproximou-se e pediu: "Senhor, poderia me emprestar um *quarter* *?" Primeiro perguntei-me se eu queria recompensar seu comportamento. Então disse a mim mesmo que não queria que ele sofresse. De qualquer forma, um *quarter* não ia fazer muita diferença. Então imaginei que o mínimo que poderia fazer era tentar ensinar-lhe uma lição: "Um *quarter*. É isso que você quer, um *quarter*?" Ele disse: "Só um quarter". Assim, procurei em meu bolso, tirei um quarter, e falei: "A vida pagará qualquer preço que você pedir". O camarada olhou espantado, e então afastou-se cambaleando.

Enquanto o via afastar-se, eu pensava sobre as diferenças entre aqueles que são bem-sucedidos e os que falham. Pensei: "Qual é a diferença entre ele e eu? Por que minha vida é tão feliz, que posso fazer o que quiser, quando quiser, onde eu quiser, com quem

---

* *Quarter*: 25 centavos de dólar. (N. do E.)

eu quiser, tanto quanto eu queira? Ele deve ter sessenta anos e mora na rua, pedindo *quarters*". Deus desceu e disse: "Robbins, você foi bom. Você vai viver a vida que sonhou."? Não foi nada disso. Alguém lhe deu recursos superiores ou vantagens? Não creio. Eu estava num estado quase tão ruim quanto o dele, apesar de não ter tomado nada de álcool ou dormido na rua.

Penso que parte da diferença é a resposta que lhe dei — que a vida lhe pagará aquilo que pedir. Peça um *quarter*, e é o que receberá. Peça alegria retumbante ou sucesso, e conseguirá isso, também. Tudo que estudei convence-me de que, se você aprende a dirigir seus estados e comportamentos, pode mudar qualquer coisa. Você pode aprender o que pedir da vida, e pode ter certeza de que conseguirá. Nos meses seguintes, encontrei mais pessoas nas ruas e perguntei-lhes sobre suas vidas e como chegaram lá. Comecei a descobrir que tínhamos desafios em comum. A diferença era como os controlamos.

Aqui está a última chave. Sempre dê mais do que espera receber. Esta pode ser a chave mais importante de todas porque virtualmente garante a verdadeira felicidade.

Lembro-me de estar dirigindo de volta para casa, depois de uma reunião noturna, com muito sono. A trepidação mantinha-me consciente. E nesse estado semilúcido, tentava imaginar o que dava sentido à vida. De repente uma vozinha em minha cabeça disse: "O segredo de viver é dar".

Se quiser fazer sua vida correr bem, você tem de começar com "como dar". A maioria das pessoas começa suas vidas pensando só em receber. Receber não é um problema. Receber é como o oceano. Mas você tem de estar certo de que está dando, para poder pôr o processo em movimento. O problema na vida é que as pessoas querem primeiro as coisas. Um casal virá a mim, e o homem dirá que sua mulher não o trata bem. E a mulher dirá que é porque ele não é muito carinhoso. Isto é, cada um estava esperando que o outro tomasse a iniciativa, apresentasse a primeira prova.

Que espécie de relacionamento é esse? Quanto tempo irá durar? A chave para qualquer relacionamento é que você tem primeiro de dar, e continuar dando. Não pare e espere para receber. Quando você começa a marcar pontos, o jogo termina. Você fica lá, dizendo: "Eu dei, agora é a vez dela", e o papo termina. Ela se foi. Você pode pegar seu resultado e levar para outro planeta, porque o placar não funciona desta maneira aqui. Você tem de estar querendo plantar a semente, e cuidar para que ela germine.

O que aconteceria se você se dirigisse ao solo e dissesse: "Dê-me alguns frutos. Dê-me algumas plantas"? O solo provavelmente responderia: "Desculpe-me, senhor, mas está um pouco confuso. Deve ser novo aqui. As regras do jogo são outras". Então explicaria que você planta a semente, cuida dela, põe água e lavra a terra. Fertiliza-a. Protege-a e alimenta-a. Então, se cuidar bem dela, conseguirá sua planta ou seu fruto, mais tarde. Você pode pedir ao solo muitas vezes, mas isso não muda as coisas. Você tem de continuar dando, alimentando, para que o solo produza frutos — e a vida é exatamente da mesma maneira.

Você pode ganhar muito dinheiro. Você pode imperar sobre reinos ou dirigir grandes empresas ou controlar vastas terras. Mas, se estiver fazendo só para si, você realmente não é um sucesso. Na verdade, você não tem poder, não tem riqueza real. Se você subiu ao topo da "montanha do sucesso" em seu benefício, provavelmente pulará fora.

Quer saber qual a maior das ilusões sobre o sucesso? Que ele é como um pináculo a ser atingido, uma coisa a ser possuída, ou um resultado estático a ser obtido. Se quiser ter sucesso, se quiser realizar todos os seus objetivos, você tem de pensar no sucesso como um processo, um meio de vida, um hábito da mente, uma estratégia para a vida. Este capítulo foi sobre isso. Você deve saber o que tem, e você deve conhecer os perigos em seu caminho. Você deve ter a habilidade de usar seu poder de uma forma responsável e amorosa se quiser experimentar a verdadeira riqueza e felicidade. Se puder controlar essas cinco coisas, será capaz de usar todas as técnicas e poderes ensinados neste livro para fazer coisas maravilhosas.

(In: *Poder sem Limites*, Anthony Robbins, Editora Best Seller, São Paulo, 1987.)

A ARTE DE VIVER

PAULO COELHO - Escritor brasileiro, teatrólogo e ensaísta. Nasceu no bairro de Botafogo, Rio de Janeiro. Considerado o maior fenômeno literário dos últimos tempos, no Brasil. Sua mensagem é de cunho espiritual-filosófico. Em menos de dez anos escreveu seis obras, todas best-sellers, traduzidas para quase todas as línguas. Sua obra *O Alquimista* foi vendida para o cinema. Recentemente condecorado na França pelos méritos de sua obra literária. (1947 -).

> *Precisamos aproveitar quando a sorte está do nosso lado, e fazer tudo para ajudá-la da mesma maneira que ela está nos ajudando.*

A ARTE DE VIVER

A Sorte que Eu Tive

J. P. McEvoy

Agora que posso volver os olhos para a névoa da confusão e do tatear incerto a que eu chamo a minha carreira, vejo que tive uma vantagem mais preciosa do que o Prêmio Pulitzer: fui um menino da roça com um reflexo condicionado para o trabalho duro, calejado para tudo. Há muitos anos tivemos um período de trabalho extraordinário na fazenda. Em vez de oito horas diárias, trabalhávamos 16 horas. De madrugada eu tinha que ir tateando ao estábulo acordar as vacas e arrancar-lhes o leite. Foi a minha primeira lição de semântica. As vacas não "dão" leite. Só quem for hábil, forte e teimoso conseguirá extraí-lo.

Quando penso naquele tempo, vejo que havia muita conversa fiada na fazenda. Quando se arava um terreno novo, recém-desbastado e ainda cheio de tocos e raízes que saltavam do chão e iam dar em cheio no rosto do trabalhador, a expressão usada era "amansar o terreno" — quando o certo seria exatamente o contrário. Passava-se o dia inteiro a "borrifar as maçãs" com verde Paris e arseniato de chumbo, mas na maioria das vezes o vento soprava em direção contrária e a gente voltava para casa parecendo a estátua de bronze do General Grant, coberto com uma camada de verde venenoso que mataria qualquer menino que não fosse criado numa fazenda.

Com isto quero dizer apenas que quando me vi finalmente numa cidade grande e soube que tinha de trabalhar apenas 12 horas por dia, podendo dispor do resto do tempo como bem entendesse, custei a acreditar na minha boa sorte.

(In: *Seleções Reader's Digest* - agosto/1952)

> Na Natureza não há prêmios ou castigos. Há atos e conseqüências.

Robert Green Ingersoll
(Político e filósofo norte-americano)

A ARTE DE VIVER

Universo — e Nada Mais

Huberto Rohden

A única filosofia digna deste nome deve navegar sob o signo do UNIVERSO — *um* em *diversos*, unidade com pluralidade, uma só causa revelada em muitos efeitos.

E isto vale tanto do macrocosmo sideral como do microcosmo humano.

Não há um único círculo monocêntrico no Universo — só há elipses bicêntricas.

A palavra UNIVERSO é elíptica, gravita em torno de dois pólos, o uno e o (di) verso, a causa una com efeitos múltiplos.

Platão, Aristóteles, Descartes, Kant, Spinoza, Hegel, Bergson, Hermes, Buda, o *Kybalion*, os *Vedas*, a *Bhagavad Gita*; as escolas empírica, metafísica, racionalista, idealista, existencialista — tudo isto pode ser aceito como outros tantos afluentes do "Amazonas" da Filosofia Univérsica, mas não pode servir como seu fundamento. Para nós, da Filosofia Cósmica ou Univérsica, só existe uma bandeira e um paradigma orientador: UNIVERSO.

É esta, sem dúvida, a mais bela palavra que existe em língua latina. Só um gênio podia crear palavra tão genial. Os próprios helenos, com o vocábulo *kosmos*, não atingiram a genialidade da palavra "Universo".

A Unidade sem diversidade é *monotonia*.
Diversidade sem unidade é *caos*.
Unidade com diversidade é *harmonia*.

O universo, seja o de fora, no mundo sideral, seja o de dentro, no mundo humano, simboliza harmonia.

Fora da harmonia não há filosofia.

A harmonia é eqüidistante da monotonia e do caos.

Dentro do homem, essa harmonia se chama auto-realização, cuja manifestação é o *Homem Cósmico*, que uma vez apareceu na face da terra como o Cristo.

O Homem Cósmico gravita invariavelmente em torno de dois centros: a *mística* do primeiro mandamento revelada na *ética* do segundo mandamento. A raiz divina do *autoconhecimento* produzindo o fruto humano da *auto-realização*.

O Homem Cósmico é essencialmente bipolar, elíptico, como todo o cosmos de fora. Fosse o homem apenas *mística vertical*, ou apenas *ética horizontal*, acabaria ou em silenciosa monotonia, ou em ruidoso caos. Mas o Homem Cósmico é vertical-horizontal, interno-externo, místico-ético, solitário com Deus do mundo e solidário com o mundo de Deus; e por isto é ele suprema harmonia, cheio de graça e de verdade, "duro como diamante e delicado como flor de pessegueiro".

A Filosofia Univérsica é como a luz integral, incolor em sua causa una e multicolor em seus efeitos vários.

Assim, deve o Eu invisível e incolor desentranhar-se nos egos visíveis e multicores.

Tanto o Evangelho como a *Bhagavad Gita* frisam esse caráter passivo-ativo do homem, a força interna que se revela em atividade externa.

Na razão direta que o homem percebe a sua unidade interna, mais se sente ele impelido às pluralidades externas, na certeza de que estes não destroem, mas intensificam aquela.

Esse crescente poder de unidade interna o liberta cada vez mais das suas limitações externas.

A tragicidade do existir e do agir é engendrada pelo ego separatista e neutralizada pelo próprio existir e agir do Eu unista; o indivíduo indiviso redime o homem da sua persona divisa; o Eu *religa* o que o ego desligou — e isto é *relígio, yôga, redenção*.

Trágico não é o existir e o agir — trágico é somente o existir e agir egoísta, interesseiro, visando a objetos, frutos e resultados externos. A tragicidade existencial do ego é abolida pela jubilosa atividade do Eu, que trabalha intensamente, mas renuncia a cada passo aos frutos do seu trabalho. Quem trabalha por amor a objetos peca, crea karma, débito, tragicidade — mas quem trabalha por amor ao sujeito, pelo aperfeiçoamento do Eu divino, da alma humana, esse se redime do débito kármico através da própria atividade. O Lúcifer do ego é remido pelo Cristo do Eu.

"Que aproveita ao homem ganhar o mundo inteiro (objetos) se sofrer prejuízos em sua própria alma (sujeito)?"

(In: *Roteiro Cósmico*, Huberto Rohden, Editora Martin Claret, São Paulo, 1983.)

A ARTE DE VIVER

SHAKESPEARE (William) - Dramaturgo e poeta inglês, nascido em Stratford-on-Avon. O conhecimento sobre sua vida é escasso, dando origem a algumas versões desencontradas que não foram comprovadas. É considerado um dos maiores poetas de todos os tempos. Shakespeare deixou dezenas de obras: poesias, tragédias e comédias. Entre as mais famosas figuram: *Hamlet*, *Otelo* e *Romeu e Julieta*. (1564 - 1616).

> **Se a sorte quiser fazer-me rei, há de coroar-me.**

Deus Não Joga Dados com o Mundo

Huberto Rohden

"Deus é sutil, mas não é maldoso"

Einstein

Estas palavras de Einstein são, talvez, das mais enigmáticas — mas também das mais profundas do grande pensador intuitivo.

Antes de tudo, convém lembrar que Einstein não entende por Deus alguma entidade ou personalidade divina, como ensinam as nossas teologias. Deus é, para ele, a Invisível Realidade do Universo, a Inteligência Universal, a Consciência Cósmica, ou, no dizer de Spinoza, a "alma do Universo".

O tópico completo de Einstein diz: "Deus não joga dados com o mundo — Deus é sutil, mas não é maldoso".

A Inteligência Cósmica é a realíssima realidade, a alma do Universo, que não pode ser verificada pelos sentidos grosseiros do corpo, nem pode ser analisada pela inteligência humana, mas pode ser sentida pela intuição espiritual, pelo "puro raciocínio".

As facticidades do mundo são coisas grosseiras, pouco sutis, e por isto podem ser percebidas pelos sentidos e analisadas pela inteligência. Deus, porém, não é uma facticidade concreta, mas sim a realidade abstrata.

Por isto, o homem que prova ou julga provar a existência de Deus é ateu, porque prova a existência de uma facticidade, que, em hipótese alguma, é Deus, mas algum pseudodeus, um ídolo qualquer, fabricado pelos sentidos ou pela inteligência humana. O hotentote africano fabrica um deus de madeira ou de barro, ou de outra substância material, e o adora, e por isto é chamado idólatra. O homem erudito de nossos dias fabrica um deus de substância mental e por que seria ele menos idólatra do que o pagão africano?

Qualquer deus materialmente ou mentalmente fabricado é um pseudodeus, um ídolo. O Deus verdadeiro não é objeto dos sentidos ou da mente; ele é a infinita e única realidade, que se revela pela intuição espiritual. E por isto mesmo, o Deus verdadeiro não é pensado nem pensável, não pode ser dito por ser invisível. Tudo que é pensável ou dizível é uma facticidade ilusória, mas não é a realidade verdadeira.

E por esta razão nenhum homem pode descobrir Deus, mas Deus pode descobrir o homem, se este o permitir.

É isto que Einstein quer dizer quando afirma que Deus é sutil.

Isto me traz à memória "os argumentos teológicos" com que Tomás de Aquino e outros escolásticos medievais tentam provar a existência de Deus, que para eles não seria sutil, uma vez que pode ser intelectualmente provado. Naturalmente, quem, como esses teólogos, entende por Deus uma pessoa (ou até três pessoas), pode recorrer a esse malabarismo de provar ou demonstrar a existência desse Deus-facticidade. Mas o Deus-Realidade não é um fato que se possa provar. Felizmente, pelo fim de sua vida, Tomás de Aquino confessou: "Tudo o que escrevi é palha!"

A verdadeira certeza, diz Einstein, não vem de provas empírico-analíticas, mas da consciência imediata da realidade. E esta consciência só funciona devidamente no meio de um grande e prolongado silêncio auscultativo. Não é numa praça pública, nem numa biblioteca, mas no deserto que o homem recebe a certeza da existência de Deus.

Isto quer dizer que Deus é "sutil".

Mas, acrescenta Einstein, Deus não é maldoso, quer dizer que ele não age arbitrariamente; Deus é a Lei, a Infinita *causalidade*, contrária a qualquer *casualidade*. Num jogo de azar, como no jogo de dados, o homem não pode prever o que vai acontecer; mas, em se tratando de Deus, o homem pode ter plena certeza dos acontecimentos, porque Deus é a lei, a causa, a suprema racionalidade do Universo. Se o homem não percebe essa absoluta racionalidade de Deus é porque ainda não se preparou devidamente. Mas, para o homem preparado, a suprema racionalidade divina não é maldosa, desonesta, enganadora; não joga dados, não procede arbitrariamente.

Deus é sutil mas não é maldoso — esta frase de Einstein revela mais do que outra qualquer o caráter intuitivo do grande matemático, todo o seu apriorismo, toda a sua tendência dedutiva, a visão nítida de que Deus é o grande Uno.

Muitos homens, até grandes cientistas, julgam

poder descobrir a suprema realidade do Universo pela força do pensamento analítico. Os homens intuitivos, porém, sabem que pensar é necessário, mas não é suficiente; pensar é uma condição, mas não é a causa da certeza; depois de "pensar 99 vezes", deve o homem mergulhar num grande silêncio auscultativo e esperar que Deus se revele, porquanto "quando o discípulo (o ego pensante) está pronto, o Mestre (Deus) aparece".

Não há nenhum caminho que do mundo horizontal dos fatos conduza ao mundo vertical da realidade, embora os fatos sejam necessários para abrir o caminho ao advento da realidade.

A matemática não é, a bem dizer, uma ciência — que opera no mundo dos fatos — mas sim a consciência da própria realidade. A ciência investiga as facticidades, dentro do âmbito de tempo e espaço — ao passo que a consciência (sapiência) recebe a revelação da realidade fora das barreiras de tempo e espaço, no Eterno e no Infinito.

O método pelo qual o matemático recebe a revelação da realidade é, fundamentalmente, o mesmo que o do metafísico e do místico.

Para todos eles, Deus não é maldoso, mas é muito sutil.

(In: *Einstein - O Enigma do Universo*, Huberto Rohden, Editora Martin Claret, São Paulo, 1989.)

A ARTE DE VIVER

CAMILO CASTELO BRANCO - Escritor português. Considerado um dos mais versáteis escritores portugueses, pois escrevia sobre os mais diferentes assuntos com a mesma aptidão. Foi membro da Academia Real de Ciências em Portugal. Usou vários pseudônimos em suas obras. Seus primeiros livros têm características do romantismo e, mais tarde, o escritor converteu-se ao realismo, movimento que sempre combatera. Teve um fim dramático. Suicidou-se com um tiro na cabeça. Entre as muitas obras que escreveu, encontra-se *Nas Trevas*. (1825 - 1890).

> *Os dias prósperos não vêm do acaso; são resultado do esforço próprio.*

A ARTE DE VIVER

Reparta sua Boa Sorte com os Outros

Harold Sherman

Quando você conseguir uma coisa boa, passe-a adiante. Esta é a maneira de conquistar amigos e atrair mais pessoas para você. Não seja egoísta. Quando tiver oportunidade, ajude os outros a compreender o TNT e mande-o fazer para eles o mesmo que fez para você. Toda a vez que você der um estímulo a alguém, estará dando outro maior a você mesmo.

Algumas pessoas, que não compreendem e não querem compreender, talvez digam que você é convencido, egocêntrico ou egoísta; mas não deixe que isto o perturbe. Esses são os caçoístas... os que seriam capazes de pôr pedras no seu caminho e de outra maneira entravar o seu progresso. Você encontrará sempre este tipo nas estradas e nos atalhos da vida: não vão a parte alguma e querem levá-lo junto com eles. Os que compreendem vão querer o que você lhes quer dar e serão úteis, ansiosos por servi-lo, por trabalhar com você. Os inteligentes, observando o progresso que você vai fazendo, começarão a estudá-lo para descobrir o que você tem que eles não têm e a tentar descobrir o seu segredo.

Eu lhe dei uma compreensão sobre isso: agarre-se firme a ela e comece a marchar para a frente.

Você não terá de derrubar os outros para chegar onde quer; não terá de passar por cima dos seus cadáveres; não terá de atraiçoar amigos e sócios; não terá de alcançar seu objetivo por meio da cumplicidade, da hipocrisia e da fraude. Chegará lá de cabeça erguida e com os pés firmes no chão. E o que tiver sido capaz de fazer uma vez, saberá fazer muitas vezes, e fará cada vez melhor.

Isto é o que o poder criador da mente, trabalhando dentro e através de você, pode fazer e fará por você. À medida que você avançar, verá que desejará fazer ações caridosas, coisas boas, para as outras pessoas — prestar serviços, pequenas ações bondosas e solidárias, andar mais um ou dois quilômetros para ajudar o próximo quando puder, em retribuição ao que lhe tiver sido feito. Quando você agir assim, observará que suas ações amistosas provocarão na outra pessoa uma disposição de fazer alguma coisa por você. Não há egoísmo nenhum nisto — é apenas uma questão de causa e efeito.

André Ampère conhecia a lei. Chamou-a lei da atração ao ser aplicada ao magnetismo elétrico. "As correntes paralelas na mesma direção atraem-se mutuamente". É simples, não é mesmo? E quando você está em desarmonia e hostil, cria essa mesma atitude nos outros porque: "As correntes paralelas em direções opostas repelem-se mutuamente". É a velha e verdadeira história reduzida a estas palavrinhas: o semelhante atrai o semelhante!

Quando você presta um serviço, recebe enormes dividendos. Não há mistério nisso, é assim mesmo!

Comece a fazer o que lhe disseram para fazer,

faça-o muitas vezes até sua técnica de raciocínio certo ficar perfeita.

Há força no trabalho de equipe. Traga os outros para este tipo de raciocínio com você! Trabalhar em conjunto inspirará mais entusiasmo, confiança e decisão para cada um de vocês continuar a fazer progresso.

Se você aceitar o que lhe estou dizendo com o espírito em que é dito e puser em execução, será imbatível. E entrosando-se e trazendo os outros para o mesmo caminho, o mundo será seu!

Quando o medo governa a vontade, não se poderá fazer nada, mas quando um homem expulsa o medo da mente, o mundo se torna sua ostra.
Perder um pouco de dinheiro não é nada, mas perder a esperança — perder a energia e a ambição — isso é que faz os homens inválidos.

Herbert N. Casson

Disse uma vez Charles M. Schwab: "Muitos de nós pensam nos caixeiros viajantes como pessoas que viajam com maletas de amostras. A verdade, porém, é que nós somos todos vendedores, em todos os dias de nossas vidas. Vamos vendendo nossas idéias, nossos projetos, nossas energias, nosso entusiasmo àqueles com quem entramos em contato."

O mesmo se dá com todo tipo de esforço, e isto é principalmente verdade na venda de utilidades, porque aí você deve ter contato com as pessoas.

E quando digo "contato", quero dizer ter contato com elas frente a frente. O dia de receber encomendas está desaparecendo mais uma vez. Ele na verdade nunca existiu, porque não há substituto para a visita aos clientes frente a frente. Mais ainda, nos dias futuros, as únicas pessoas que alcançarão êxito importante serão aquelas que saem para "fazer sondagens" e procuram as pessoas. As outras ficarão para trás.

Você não pode evitar a lei fundamental da "sobrevivência do mais adequado". Portanto, esqueça-se dos pedidos de encomendas e lembre-se sempre que a única maneira pela qual você pode fechar um negócio é fazer o cliente pensar como você! A melhor maneira será sempre o contato frente a frente. Você tem de ver suas reações — "a velha lei da causa e efeito" — e tem de adaptar-se às condições variáveis que o comparam aos clientes individuais.

Se você está decidido a fazer uma venda (e tem de estar se vai ter êxito), tenha em mente o meu tema. A mente subconsciente lhe dará idéias, palpites, inspirações — um fluxo completo deles — que o guiarão acertadamente. Eles lhe apontarão a maneira de chegar à presença de um homem ocupado, na sua intimidade e, quando você chegar a isso, a pisar firme.

Seja ativo. Faça seu cliente sentir sua personalidade. Saiba do que está falando. Seja entusiasta. Não vacile!

Você vale tanto quanto ele, e além disso, talvez tenha alguma coisa que ele não tem, que é a confiança extrema, a extrema fé no artigo que está vendendo. Por outro lado, se ele é bem-sucedido, também tem personalidade. Portanto, tenha certeza de que estabelecerá o contato numa base de partes iguais. Não o subestime; não o deixe subestimá-lo. Ponha-se em terreno igual. Faça-o gostar de você, e quando ele gostar de você e você gostar dele, o êxito estará a caminho. Tenha em mente desde o princípio que você vai vender a ele... Você vai vender a ele!

Naturalmente, o seu tema principal na vida é: "Vou triunfar em tudo que empreender... vou triunfar em tudo que empreender! (Repetição, insistência, repetir, repetir, ver-se fazendo isso, muitas vezes, visualizar: — Posso!... Vou fazer!... Acredito nisso — e vai ser assim!")

Faça seus amigos interessarem-se. Organize grupos de estudo. Troque experiências. Analise seus fracassos. Descubra quais os erros que cometeu. Os motivos deles. Junte as peças e tente de novo. Critiquem-se mutuamente. Descubra por que alguns projetos não deram certo. Reparta as novidades e a alegria de seus êxitos! Dirija experiências em telepatia, no desenvolvimento de seus poderes de visualização, concentração, intuição. Demonstre o valor do TNT a seus amigos, sua família e seus sócios, à medida que o seu interesse por este poder vai crescendo.

Com um núcleo de interesse pelo TNT instalado eventualmente em cada comunidade, com um grande número de homens e mulheres estudando e aplicando o poder do raciocínio certo, grandes mudanças começarão a se fazer nas mentes e nos corações das pessoas e do mundo!

Cada possuidor deste livro pode instalar um centro e começar a trabalhar com os amigos e sócios interessados. O segredo está todo aqui... pronto para ser desvendado para cada leitor, cada estudioso.

É útil para o seu desenvolvimento trabalhar com um amigo ou um ente querido e compreensivo. Isso lhe dará mais estímulo. Vocês poderão examinar, ajudar e encorajar-se mutuamente. Quanto mais você falar sobre o poder interior da mente, quanto mais atenção e análise você lhe der, mais manifesto ele se tornará em sua vida.

Prenda-se a ele, nunca afrouxe, nunca desista, porque há uma solução para cada problema que você tenha tido ou poderia ter em sua mente!

E lembre-se sempre de repartir sua boa sorte com os outros. Você será recompensado cem vezes... mil vezes... enquanto continuar sua solidariedade, porque o bem se capitaliza — multiplica-se, continua multiplicando-se, aumentando, retribuindo a cada vez um bem maior para o doador original.

Mais uma vez lhe asseguro — você pode ser o que quer, contanto que esteja pronto a pagar o preço em tempo, raciocínio, esforço e energia. Você agora tem a CHAVE. Descubra estes poderes superiores da mente e faça-os trabalhar!

(In: *SUPER TNT - Liberte suas Forças Interiores*, Harold Sherman, Ibrasa, São Paulo, 1979.)

O *Tei-Gi* — Símbolo Mágico

A bipolaridade complementar do Cosmos, que permeia toda a filosofia de Lao-Tse, é maravilhosamente simbolizada pelo antiqüíssimo diagrama chinês chamado *tei-gi*, estampado na capa deste livro. Analisando a gênese deste símbolo, podemos dizer: o círculo incolor e vácuo representa a TESE do Absoluto, Brahman, a Divindade, como o puro Ser:

Este círculo incolor e indefinido do Absoluto evolve rumo aos relativos do devir, aparecendo como positivo e negativo, yang e ying, masculino e feminino, céu e terra; o simples Ser de Brahman se tornou o Criador Brahma, iniciando o drama da evolução:

Essas duas Antíteses amadurecem na Síntese, rumo à Tese inicial, integrando-se nela sem se diluir na mesma — de maneira que a *Tese Cósmica*, passando pelas *Antíteses Telúricas*, culmina na *Síntese Cosmificada*.
E o que se dá automaticamente no Cosmo Sideral, pode acontecer espontaneamente no Cosmo Hominal, pelo poder criador do livre-arbítrio humano:

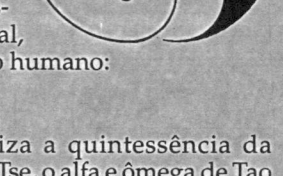

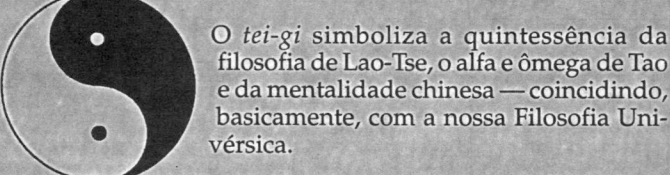

O *tei-gi* simboliza a quintessência da filosofia de Lao-Tse, o alfa e ômega de Tao e da mentalidade chinesa — coincidindo, basicamente, com a nossa Filosofia Univérsica.

(In: *Tao Te Ching*, de Lao-Tse, Tradução de Huberto Rohden, Editora Martin Claret, 1997.)

A ARTE DE VIVER

A Chave Áurea

Emmet Fox

A Oração Científica irá te possibilitar, mais cedo ou mais tarde, escapares de toda e qualquer dificuldade imaginável. Trata-se da Chave Áurea para a harmonia e a felicidade.

Para aqueles que não têm conhecimento do maior de todos os poderes existentes, pode esta assertiva parecer precipitada, mas não é preciso muito para provar, sem a menor sombra de dúvida, a sua justeza. Não é preciso que aceites a palavra de quem quer que seja e não deves mesmo fazê-lo. Experimenta, apenas, e constata.

Deus é onipotente e o homem é sua imagem e semelhança e domina todas as coisas. Este é o inspirado ensinamento e cumpre-nos tomá-lo ao pé da letra. Por homem se entende todos os homens, de modo que a capacidade de apelar para este poder não é apanágio do Místico ou do Santo, como amiúde se pensa, e nem mesmo daquele que foi suficientemente adestrado para isso. Quem quer que sejas, onde quer que estejas, tua é agora a Chave Áurea para a harmonia. Isso porque na Oração Científica é Deus quem opera, e não tu, de maneira que as tuas limitações e fraquezas específicas pouco importam no processo. És apenas o canal através do qual atua a ação divina, e teu tratamento consistirá na verdade em te manteres fora do caminho. Os principiantes de hábito conseguem resultados espantosos logo às primeiras tentativas, pois o essencial e imprescindível é ter a mente aberta e fé suficiente para efetuar a prova. Tirante esse aspecto, poderás ter ou não convicções religiosas.

Quanto ao método de ação propriamente dito, como todas as coisas fundamentais, é ele a simplicidade. Tudo o que tens a fazer é: *deixa de pensar na dificuldade, qualquer que seja ela, e pensa apenas em Deus*. A regra se resume nisto, e se assim fizeres, a dificuldade desaparecerá. Pouco importa o tipo de dificuldade em que estejas. Pode ser uma coisa grave ou coisa ligeira; talvez seja um assunto de saúde, finança, jurídico, briga, acidente, ou qualquer outra coisa. Mas, seja o que for, deixa simplesmente de pensar nele, e pensa, ao contrário, em Deus — é tudo quanto tens a fazer.

Nada poderia ser mais simples. Nem Deus poderia ter simplificado mais a coisa; contudo, é um método que nunca falha, quando se lhe dá uma real oportunidade.

Não procures formar uma imagem de Deus, coisa que, evidentemente, é impossível. Procura recapitular tudo quanto sabes acerca de Deus. Deus é Sabedoria, Verdade, Amor inconcebível. Deus está presente em toda parte; tem poder infinito, sabe tudo, e assim por diante. Pouco importa a compreensão que tenhas destas coisas; repete-as sem cessar.

Mas é preciso que deixes de pensar na dificuldade, qualquer que seja ela. A regra é pensar em Deus, e quando pensamos em dificuldades não estamos pensando em Deus. Estar sempre a olhar por sobre os ombros, por assim dizer, a fim de constatar a progressão das coisas é fatal, porque isso é pensar na dificuldade e é preciso pensar em Deus, apenas em Deus. O objetivo é varrer da consciência o pensamento da dificuldade, ao menos por alguns momentos, substituindo-o pelo pensamento de Deus. Aí está o ponto nevrálgico de toda a coisa. Se conseguires te absorver nesta consideração do mundo espiritual a tal ponto que chegues de fato a esquecer por algum tempo a dificuldade em razão da qual começaste a rezar, verificarás que a tua dificuldade terá comodamente desaparecido — que a tua demonstração se terá consumado.

A fim de aplicar a Chave Áurea a uma pessoa ou situação incômoda, pensa: vou agora aplicar a Chave Áurea a João, Maria ou a esse perigo que se apresenta. A seguir trata de desviar por completo o pensamento de João ou Maria ou do perigo surgido, substituindo-o pelo pensamento de Deus.

Assim agindo com relação a uma pessoa, não estarás tentando influenciar a sua conduta de alguma forma, a não ser na medida em que estarás impedindo tal pessoa de te magoar ou ferir, e o resultado só poderá ser benéfico a essa mesma pessoa. Dali por diante é certo que o indivíduo em tela se tornará melhor, mais sensato e mais espiritualizado apenas porque lhe foi aplicada a Chave Áurea. Uma questão judicial pendente provavelmente se resolveria sem qualquer crise, sendo feita justiça e ficando as partes amplamente satisfeitas.

Se verificares que és capaz de fazê-lo muito rapidamente, poderás repetir a operação diversas vezes por dia. A cada vez, contudo, assegura-te de deixar de lado todo e qualquer pensamento do problema até a vez seguinte. Isto é muito importante.

Dissemos que a Chave Áurea é simples, e assim é, mas, claro está, nem sempre ela é fácil de acionar. Se estiveres muito amedrontado ou preocupado, a princípio poderá ser difícil desviar os pensamentos das coisas materiais. Mas através da constante repetição de alguma Verdade absoluta do teu agrado, por exemplo: *Deus é o poder único; sou filho de Deus; vivo na paz de Deus; Deus é amor; Deus é o meu guia*, ou, quem sabe, apenas *Deus está comigo* — por mais mecânica que tal repetição possa parecer a princípio — breve verificarás que o tratamento terá começado a funcionar e que a tua mente estará desanuviada. Não forces demais; age com discrição e insistência. Cada vez que a tua atenção se desviar, focaliza-a de novo em Deus.

Não tentes nunca prever qual será a solução para a tua dificuldade. Tecnicamente, dá-se o nome de bosquejo a esse procedimento, o qual só fará retardar a tua demonstração. Deixa para Deus a questão de meios e modos. O que desejas é te livrares da dificuldade — isto basta. Faz a tua metade, e Deus fará a Sua.

Todo aquele que chamar o nome do Senhor será salvo.

(In: *O Poder do Pensamento Construtivo*, Emmet Fox, Editora Pensamento, São Paulo,1975.)

A ARTE DE VIVER

HERÓDOTO - Historiador grego, nascido em Halicarnasso. Deixou eterno legado histórico sobre os povos da Antiguidade. Segundo consta, desde jovem Heródoto desenvolveu o talento literário, lendo os clássicos gregos e toda a literatura existente até então. Para escrever sua obra histórica entrevistou magos, consultou livros, ouviu depoimentos, viajou por vários lugares, observou a vida nas várias regiões que visitou. Pelas informações que transmitiu em sua obra, sem as quais a maior parte dos povos da Antiguidade não seria conhecida, Heródoto é considerado o "pai" da História. (490 - 425 a.C.).

> O destino do homem não é uma questão de sorte. Está na evolução da sua própria alma.

A ARTE DE VIVER

Uma Sorte

Laura E. Richards

Certo dia um homem vinha andando muito triste pela rua. Os negócios não iam bem. Ele tinha cismado de comprar um cavalo que custava 1.000 dólares e só tinha 800. Claro que podia comprar outras coisas com 800 dólares, mas não queria; queria o cavalo. Tinha o coração pesado e estava de mal com o mundo.

Então uma criança veio correndo na direção dele. Era um menino estranho, o rosto aceso como o sol e cheio de sorrisos. O menino estendeu a mão fechada.

— Adivinha o que eu tenho! — gritou, com os olhos brilhantes.

— Alguma coisa boa, com certeza! — disse o homem.

A criança fez que sim com a cabeça, chegou mais perto e abriu a mão.

— Olha! — disse ele, e a rua se alegrou com o som de sua risada. O homem olhou e viu uma moedinha na mão do menino.

— Oba! — gritou o menino.
— Oba! — gritou o homem.

Cada um foi para o seu lado. O menino comprou um pirulito e viu o mundo cor-de-rosa através do pirulito de framboesa.

O homem depositou os 800 dólares na caderneta de poupança e guardou uma moedinha no bolso. Com a moedinha comprou um cavalinho de brinquedo para o filho, e o filho viu o mundo amarelo de manchinhas brancas como o cavalinho.

— É o cavalo que você queria comprar, pai? — perguntou o garotinho.

— É o cavalo que eu comprei! — disse o homem.

— Oba! — gritou o garoto.

— Oba! — gritou o homem.

E fez as pazes com o mundo.

(In: *O Livro das Virtudes II*, William J. Bennett, Editora Nova Fronteira, Rio de Janeiro, 1996.)

A ARTE DE VIVER

GOETHE (Johann Wolfgang) - Escritor, pintor, músico e cientista alemão. Nasceu na cidade de Frankfurt. É considerado um dos homens mais versáteis do século XVIII. Dedicou-se às pesquisas biológicas e botânicas. Foi, também, administrador do ducado de Weimar, a convite do Duque daquela cidade. Em Weimar concluiu o estudo (de longos anos) a que deu o nome de Teoria das Cores. Sua obra mais conhecida é *Fausto*. (1749 - 1832).

> **Não há acaso nos atos de iniciativa e criação, e sim uma verdade elementar: assim que uma pessoa decide, a Providência Divina também entra em ação.**

A ARTE DE VIVER

A Mandala

Julia e Derek Parker

A Mandala é um dos poderosos símbolos que com frequência habitam nossos sonhos, tendo, em geral, algo importante a nos dizer, mesmo que não seja identificada. O símbolo da mandala é um círculo que envolve um quadrado, geralmente com uma figura no centro. Essa figura muitas vezes nos representa.

Jung atribuiu a esse símbolo o nome hindu "mandala" ou "círculo mágico" e acreditava que representasse, com freqüência, a psique humana. O símbolo aparece em várias partes do mundo como um padrão de existência: Rômulo planejou a antiga Roma nas linhas de uma mandala e muitas outras cidades — inclusive Jerusalém — também assumiram essa forma. O templo hindu é construído como uma mandala que representa os quatro cantos da terra girando em torno de seu centro, ou "o ego girando em torno de si no tempo e no espaço". Na arte hindu e budista, a mandala representa o universo e a totalidade da psique humana.

Embora se possa falar do significado da mandala por páginas e páginas, isso pode não parecer particularmente relevante para o sonhador. Entretanto, trata-se de um dos símbolos oníricos mais difíceis de interpretar, mesmo depois de reconhecida. Isso porque seu significado é bastante misterioso, estando possivelmente associado ao que há de mais profundo na psique de quem sonha. Pode representar toda nossa vida, do nascimento à morte; as rosáceas nas catedrais, de um modo geral, representam essa jornada. A mandala pode aparecer em seus sonhos como um CALEIDOSCÓPIO ou em padrões geométricos feitos com compasso. As cores associadas ao símbolo da mandala podem ser importantes — como geralmente ocorre com as cores nos sonhos.

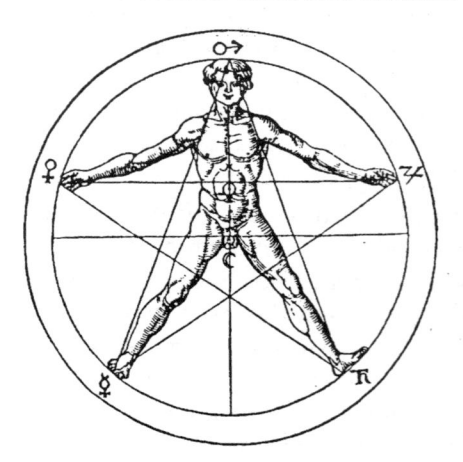

Caleidoscópio

Vale a pena deter-se em qualquer símbolo que tenha forma circular — um CÍRCULO, DISCO, ESFERA, RODA e mesmo um ARO de criança podem ser uma mandala. Embora em geral seja difícil reconhecer o símbolo, ele se manifestará, dada sua importância, simplesmente pela insistência em ser reconhecido: ele lhe "dirá" que é importante, recusando-se a abandonar seus pensamentos. Ao acordar de um sonho, eventualmente você não conseguirá deixar de pensar em uma de suas imagens, por mais banal que pareça. Certamente ela é significativa e, se for circular, é bem possível que seja uma mandala. Para o sonhador isso não faz muita diferença, contanto que reconheça tratar-se de um símbolo importante. Provavelmente você acabará percebendo sua importância, pois não conseguirá deixar de pensar nela.

Desenhar nossos sonhos poderá ajudar, principalmente se uma mandala for a imagem central. Alguns psicólogos sugerem que se tome as imagens do sonho como pontos de partida do desenho, deixando que o lápis ou pincel improvisem, em lugar de desenhá-las literalmente. Use cores em seu desenho, se possível, e inclua as palavras presentes no sonho. Observe que você dedicará maior atenção aos detalhes de certas partes do desenho, enquanto outras praticamente se formarão por si — na forma como você as sonhou. O desenho final mostrará o padrão de sua vida atual, com representações de suas ameaças ou prazeres, aspirações ou receios. As áreas do desenho que emergiram do seu inconsciente serão mais indicativas de seus verdadeiros sentimentos e do caminho que você deverá seguir.

(In: *O Livro dos Sonhos*, Julia e Derek Parker /PubliFolha, São Paulo, 1996.)

A Sorte e o Cosmo

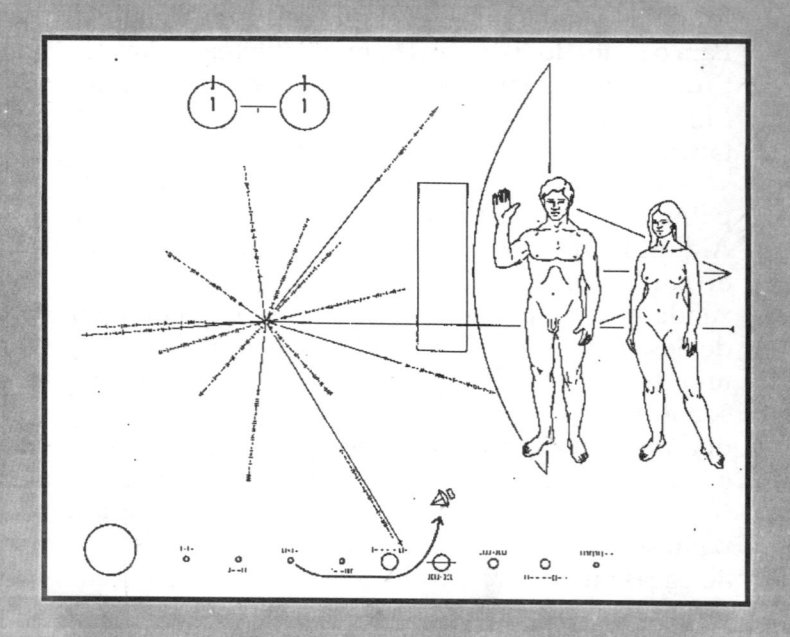

A ilustração acima pertence a placa a bordo das naves Pioneer 10 e 11, os primeiros veículos da humanidade a se aventurarem no espaço interestelar. As placas de alumínio folheadas a ouro de 15x23 cm transmitem, naquilo que deseja representar uma linguagem científica facilmente compreensível, algumas informações sobre o local, a época e a natureza dos construtores das espaçonaves. As mensagens de rádio interestelares podem ser muito mais ricas em conteúdo informativo do que essa mensagem, semelhante a uma garrafa lançada no oceano cósmico.

A ARTE DE VIVER

Dobre seu Dinheiro

Almanaque /1991

Para começar bem o ano, aqui vão algumas sugestões do que a tradição popular ensina com o fim de evitar falta de dinheiro. Algumas são daqui mesmo, outras vieram de fora, junto com os imigrantes. Os portugueses, por exemplo, trouxeram o costume de ter sempre em casa um elefante de louça, cerâmica, vidro ou metal — o material de que é feito não importa. O certo mesmo é que deve ser usado como enfeite, sobre um móvel qualquer, sempre com a tromba erguida mas de costas para a porta de entrada.

Outra figura que é uma boa garantia contra o perigo da carteira vazia é o Buda. Dizem que sempre é bom ter um em casa, seja de que tamanho for, em cima da geladeira, sobre um prato cheio de moedas, que sempre são mantidas ali — não vale tirar nenhuma. Assim o Buda fica satisfeito e retribui a gentileza, fazendo com que a pessoa receba sempre dinheiro em dobro.

As frutas também podem ajudar na conquista, se não da fortuna, de uma certa tranqüilidade econômica. A romã, por exemplo. Chupe uma bem madura, no dia dos Reis Magos. Separe três carocinhos dela e formule um desejo, olhando para cada um. Guarde-os depois em um saquinho de pano bem costurado, dentro da carteira. Caroços de uva têm o mesmo efeito. Mas a simpatia deve ser feita na virada do ano com sete deles. Peça que nunca lhe falte dinheiro e depois mantenha-os na carteira, embrulhados em uma cédula que deve ser jogada ao mar, na virada do outro ano.

(In: *Almanaque 1991 Globo Rural*, Editora Globo, Rio de Janeiro, 1991.)

A ARTE DE VIVER

CERVANTES (Miguel de) - Escritor e poeta espanhol. Nasceu em Alcalá de Henares, Castilha. Participou de combates e foi herói de guerra, tendo perdido a mão esquerda com um tiro de arcabuz, num combate travado em Lepanto (Costa da Grécia). Escreveu muitas obras e, entre elas, sua obra-prima: *D. Quixote*. Ao final de sua vida, recolheu-se a um mosteiro, integrando-se à Ordem Terceira de São Francisco. (1547 -1615).

> "Aquele que não sabe aproveitar a sorte quando ela vem, não pode queixar-se se ela lhe passa ao lado."

A ARTE DE VIVER

O Sr. Vinagre e a Sorte

Adaptação de James Baldwin

Há muito tempo, vivia um pobre homem cujo nome verdadeiro foi esquecido. Era velho e pequenino, e tinha o rosto enrugado; por isso, os amigos o chamavam de Sr. Vinagre.

Sua mulher também era velha e pequenina, e moravam os dois numa cabana, velha e pequenina, nos fundos de um pequeno lote, há muito abandonado.

Um dia, enquanto varria a cabana, a Sra. Vinagre usou tanta força que a porta, velha e pequenina, desabou.

Ela ficou assustada. Saiu correndo da casa e gritou: — João! João! A casa está desabando. Vamos ficar sem um teto para nos proteger.

O Sr. Vinagre aproximou-se da casa e olhou para a porta.

Em seguida, disse: — Não se preocupe, querida. Vista seu abrigo e vamos partir em busca da sorte.

A Sra. Vinagre colocou então um chapéu, e o Sr. Vinagre pôs a porta sobre a cabeça, e eles partiram.

Caminharam sem parar o dia inteiro. À noitinha, chegaram a uma floresta escura, de árvores muito altas.

— Este lugar dá um bom abrigo — disse o Sr. Vinagre.

Pôs-se a subir numa árvore, e lá improvisou uma cama, encaixando a porta sobre os galhos. A Sra. Vinagre subiu em seguida, e deitaram-se os dois.

— É melhor ficarmos sobre a casa do que ela sobre nós — disse ele. Mas a mulher já dormia profundamente, e não o escutou.

Escureceu rapidamente, e o Sr. Vinagre também caiu no sono. À meia-noite, ele foi acordado por um barulho lá embaixo.

Ergueu-se, e ficou prestando atenção.

— Aqui tem dez partes de ouro para você, José — ouviu ele. — E dez para você, Paulo. Eu ficarei com o restante.

O Sr. Vinagre olhou para baixo. Viu três homens sentados ao chão. Havia uma lamparina acesa perto deles.

— Ladrões! — gritou assustado, e pulou para um galho mais alto.

Ao pular, desencaixou dos galhos a porta, que caiu no chão com estardalhaço, e a Sra. Vinagre foi junto.

Os ladrões tomaram tamanho susto que saíram correndo atabalhoadamente e desapareceram na floresta escura.

— Machucou-se, querida? — perguntou o Sr. Vinagre.

A mulher respondeu: — Eu, não! Mas quem haveria de dizer que a porta iria desabar no meio da noite? E temos aqui uma bela lamparina acesa, a iluminar nosso recanto.

O Sr. Vinagre desceu da árvore. Pegou a lamparina e fitou-a. Mas o que seriam aquelas coisinhas brilhantes espalhadas pelo chão?

— Moedas de ouro! Moedas de ouro! — gritou. Pegou uma delas e olhou-a contra a luz.

— Encontramos nossa sorte! Encontramos nossa sorte! — gritou a Sra. Vinagre. E começou a pular de alegria.

Puseram-se a juntar o ouro. Havia cinqüenta moedas; eram todas brilhantes, amarelas e bem redondinhas.

— Que sorte a nossa! — disse o Sr. Vinagre.

Os dois sentaram-se ao chão e ficaram olhando para o ouro até o amanhecer.

A Sra. Vinagre disse, então: — Bem, João, vamos fazer o seguinte: vá até a cidade e compre uma vaca. Vou tirar o leite para fazer manteiga, e nada mais nos faltará.

— É uma boa idéia — disse o Sr. Vinagre.

E logo partiu, ficando a mulher a esperá-lo à beira da estrada.

O Sr. Vinagre passeou pela rua da cidade, à procura do que comprar. Depois de algum tempo, chegou um fazendeiro com uma vaca gorda e bonita.

— Ah, se essa vaca fosse minha — disse o Sr. Vinagre —, eu seria o homem mais feliz do mundo.

— É uma vaca muito boa. — disse o fazendeiro.

— Bem — disse o Sr. Vinagre —, dou-lhe estas cinqüenta moedas de ouro por ela.

O fazendeiro sorriu e estendeu a mão para receber o dinheiro. — Pode ficar com ela —disse ele. — Gosto de agradar aos amigos.

O Sr. Vinagre tomou do cabresto e saiu com ela, passeando para cima e para baixo na rua. — Sou o homem mais sortudo do mundo, pois veja só como todos olham para mim e minha vaca.

Porém, no fim da rua havia um homem tocando gaita de foles. Ele parou para ouvi-lo. Doce melodia!

— Ora, é a música mais bela que já ouvi — disse o Sr. Vinagre. — E veja só como as crianças aproximam-se dele, e jogam-lhe moedinhas! Se essa gaita fosse minha, eu seria o homem mais feliz do mundo.

— Pois vendo-a, então — disse o gaiteiro.

— Vende, mesmo? Mas não tenho dinheiro; dou-lhe, portanto, esta vaca em troca.

— Pode ficar com a gaita — disse o gaiteiro. — Gosto de agradar aos amigos.

O Sr. Vinagre pegou a gaita de foles, e o gaiteiro foi-se embora levando a vaca consigo.

— Vamos ouvir um pouco de música — disse o Sr. Vinagre. Todavia, por mais que tentasse, não conseguia tocar. Todo som que produzia não passava de ruídos dissonantes.

As crianças, em vez de atirar-lhe moedinhas, riam-se dele. Fazia frio e, enquanto tentava tocar o instrumento, seus dedos enregelavam-se. Ficou pensando que seria melhor ter ficado com a vaca.

Mal partira de volta para casa, passou por ele um homem com luvas nas mãos. — Ah, se essas lindas luvas fossem minhas — disse ele —, eu seria o homem mais feliz do mundo.

— Quanto pretende pagar por elas? — perguntou-lhe o homem.

— Não tenho dinheiro, mas dou-lhe esta gaita de foles — respondeu o Sr. Vinagre.

— Bem — disse o homem —, pode ficar com elas, pois gosto de agradar aos amigos.

O Sr. Vinagre entregou o instrumento e colocou as luvas nas mãos enregeladas. — Que sorte a minha! — ia dizendo a caminho de casa.

Logo suas mãos estavam aquecidas, mas a estrada era ruim e a caminhada, difícil. Estava muito cansado, quando chegou ao sopé de uma colina íngreme.

— Como conseguirei chegar lá em cima? — disse ele.

Naquele momento, surgiu um homem descendo a colina em sua direção. Trazia na mão um cajado, que o ajudava a descer.

— Meu amigo — disse o Sr. Vinagre —, se eu tivesse esse cajado para me ajudar a subir a colina, seria o homem mais feliz do mundo.

— Quanto pretende pagar por ele? — perguntou o homem.

— Não tenho dinheiro, mas dou-lhe este par de luvas bem quentes — disse o Sr. Vinagre.

— Bem — disse o homem —, pode ficar com ele, pois gosto de agradar aos amigos.

As mãos do Sr. Vinagre estavam bastante aquecidas. Entregou, então, as luvas para o homem, e pegou o cajado para ajudar na caminhada.

— Que sorte a minha! — dizia ele, enquanto esforçava-se para concluir a subida.

No topo da colina, parou para descansar. Mas enquanto pensava na sorte que tivera durante o dia inteiro, ouviu alguém gritar seu nome. Levantou o olhar e avistou apenas um papagaio verde, pousado num galho de árvore.

— Sr. Vinagre! Sr. Vinagre! — dizia o pássaro.

— Pois não? — indagou o Sr. Vinagre.

— Que estupidez! Que estupidez! — respondeu o pássaro. — O senhor partiu em busca da sorte, e a encontrou. Depois trocou-a por uma vaca, e esta por uma gaita de foles, e a gaita por um par de luvas, e as luvas por um cajado que poderia ter apanhado em qualquer canto da estrada. Ha! ha! ha! ha! ha! Que estupidez! Que estupidez!

O Sr. Vinagre ficou muito zangado com isso. Atirou o cajado contra o papagaio com toda a força. Mas o pássaro repetia apenas: "Que estupidez! Que estupidez", e o cajado foi parar no alto de uma árvore, onde o homem não o alcançaria.

O Sr. Vinagre prosseguiu lentamente, pois tinha muito que pensar. A mulher o esperava à beira da estrada e, ao avistá-lo, foi logo gritando: — Onde está a vaca? Onde está a vaca?

— Bem, não sei direito onde ela está — disse o Sr. Vinagre; e contou-lhe toda a história.

Conta-se que ela lhe disse coisas que o agradaram bem menos do as que lhe dissera o papagaio, mas isso fica entre o Sr. e a Sra. Vinagre, e não interessa a mais ninguém.

— Não estamos em situação pior do que estávamos ontem — disse o Sr. Vinagre. — Vamos voltar para casa e cuidar da nossa velha cabaninha.

Colocou outra vez a porta sobre a cabeça, e partiu. E a Sra. Vinagre o acompanhou.

(In: *O Livro das Virtudes*, William J. Bennett, Editora Nova Fronteira, Rio de Janeiro, 1995.)

A ARTE DE VIVER

CHARLES CHAPLIN - Cineasta, ator e escritor inglês, nascido em Walworth, Londres. Com unanimidade é considerado um dos maiores gênios da sétima arte. Produziu mais de uma centena de filmes. Seu personagem mais famoso é Carlitos, que se destacou no cinema mudo, continuando sua fama após o advento do cinema falado. Chaplin foi agraciado com muitas condecorações, entre elas o grau máximo de Cavaleiro, pela rainha Elizabeth, da Inglaterra, o que lhe deu o título de Sir (1889 - 1977).

> **Não posso crer que nossa existência seja mero acaso como nos querem convencer alguns cientistas.**

A ARTE DE VIVER

Número 7

(Número sagrado e perfeito, segundo Pitágoras)

Marques da Cruz

S ete é o Número das Idéias do Bem e do Mal; este conceito vem desde os Árias. Parece ser o juízo supremo da perfeição das obras de Deus. A Bíblia tem inúmeras vezes o nº 7, o que é impressionante.

• Deus fez o Mundo em 6 dias (6 longos períodos); e tendo acabado no dia 7º, descansou no 7° dia, (Gênese).
• A semana por isso tem 7 dias; o 7° é o dia do Senhor (é o sábado dos Judeus, é o *Dominicus*, domingo do cristianismo).
• Moisés mandou que a terra fosse semeada, e a vinha podada, durante 6 anos; no 7°, não; seria o "sábado do descanso da terra". (Levítico 25-3).
• A Arca de Noé repousou no 7º mês sobre o monte Ararate. (Gênese 8-4).
• O homem leva 9 meses (38 semanas), para nascer, mas, às vezes, 7.

Há provérbios e expressões populares, em todos os povos, com o n° 7, como se vê no folclore. Alguns exemplos:

- Correr as 7 partidas e os 7 mares do mundo.
- Quem rouba a um ladrão tem 7 anos de perdão.
- O gato tem 7 fôlegos, e a mulher 3 X 7.
- Quem mata um gato tem 7 anos de atraso.
- Subir ao 7° céu de Maomé.
- Os gigantes das botas de 7 léguas.
- Um segredo guardado a 7 chaves.
- João pinta o 7.
- 7 é conta de mentiroso.
- Antes de se falar, que a língua dê 7 voltas à boca.
- É um homem que toca 7 instrumentos.
- Já vai alto o sete-estrelo!
- É um bicho de 7 cabeças.
- Na Semana Santa visitam-se 7 igrejas.
- O lobisomem corre, todas as noites, 7 montes e 7 vales.
- "A dança do 7° véu". (Salomé, diz-se, dançou com 6 véus diante de Herodes; o 7°, porém, não tirou; isto significa que a mulher tem um segredo que não confia a ninguém).

(In: *Profecias de Nostradamus*, Marques da Cruz, Editora Pensamento, São Paulo, 1981.)

A Roda da Fortuna
França, séc. XIV

Se estiver preso à borda da roda da fortuna, você estará ou acima, no caminho descendente, ou abaixo, no caminho ascendente. Mas se estiver no eixo, você estará no mesmo lugar o tempo todo, no centro.

A ARTE DE VIVER

I Ching

O Mais Antigo Oráculo Chinês

Iara Rodrigues/João Stungis

Confúcio, um dos maiores filósofos chineses, quando já tinha 70 anos de idade, disse: "Se me fossem dados mais anos de vida, dedicaria cinqüenta deles ao estudo do I Ching, e talvez então pudesse evitar grandes erros".

O *I Ching*, ou *Livro das Mutações*, apareceu na China há aproximadamente 3 000 anos, mas teve sua origem em formas oraculares ainda mais antigas, de uma época conhecida como "era mítica do Imperador Fu Hsi" (aproximadamente 3 000 anos a.C.), herói lendário considerado o fundador da civilização chinesa. Esse mesmo personagem mítico parece ter sido o inventor dos oito trigramas básicos do *I Ching* e suas combinações em 64 hexagramas, que servem de base ao método de adivinhação por meio de varetas de caule de milefólio, a forma tradicional de consulta do oráculo durante milênios. Segundo a literatura chinesa, após Fu Hsi, o *Livro das Mutações* teve outros três compiladores que enriqueceram seu conteúdo: o Rei Wen, que acrescentou um julgamento para cada um dos 64 hexagramas; o Duque de Chou (filho do anterior), que incorporou os comentários referentes às linhas mutáveis dos hexagramas; e Confúcio, o famoso sábio, autor dos textos relacionados à imagem e ao comentário de cada hexagrama. No ano de 213 a.C., Ch'in Shih Huang Ti, um tirano conhecido como O Grande Unificador (foi o construtor da Grande Muralha e o unificador das províncias chinesas), ordenou a queima de todos os livros existentes, exceto os dos arquivos imperiais, as obras de medicina e agricultura e os livros de adivinhação. Devido a essa seleção, o *I Ching*, que já era considerado um livro sagrado, sobreviveu ao expurgo das bibliotecas e chegou até nós. A grande maioria dos estudiosos concorda em considerar o *Livro das Mutações* como uma importante fonte das duas grandes correntes do pensamento chinês: o taoísmo e o confucionismo. Prova disso é o *I Ching* fazer parte dos Seis Livros Canônicos de Confúcio. Os outros cinco são:

Shi Ching — Livro das Odes
Shu Ching — Livro dos Anais
Li Ching — Livro dos Ritos
Chou Ching — Livro da Primavera ou do Outono ou da História
Yo Ching — Livro da Música

Confúcio, que comentou longamente o *I Ching*, considerava que a idéia central do livro era o conceito de mutação, exemplificado por uma frase que o sábio teria dito ao observar a correnteza de um rio: "Tudo segue, fluindo, como esse rio, sem cessar, dia e noite". Dessa maneira, a observação constante e profunda da natureza sugere a idéia da mutação contínua: depois da escuridão vem a luz; o inverno seguido pela primavera; após a tempestade retorna a calmaria; o dia renasce depois de cada noite; a lua cresce e decresce ciclicamente; as marés alternam-se no mar. A lei universal que tudo rege é o constante mudar. A realidade se transforma permanentemente, e o *I Ching*, ao contrário de muitos outros métodos de adivinhação, ensina a guardar essa verdade profunda sem condicionar o nosso comportamento. Em outras palavras, o *I Ching* não prevê os acontecimentos futuros, mas indica a situação presente. Como se penetrasse no inconsciente, os ensinamentos do livro sugerem como enfrentar a realidade que se apresenta, explicam as fases de desenvolvimento da ação que deve ser empreendida e indicam o resultado dessa ação sempre que se tenha agido de acordo com as sugestões recebidas. Pois, na verdade, cabe à nossa sensibilidade e inteligência perceber a mensagem que o *I Ching* transmite.

Para a sabedoria chinesa, conhecer as forças que agem num determinado momento de nossa vida pode ser muito importante, porque, conhecendo-as, poderemos, em vez de nos opormos a elas, avançar junto com elas, colaborando assim com o movimento natural da vida. Mas, para que o *I Ching* dê uma resposta adequada, a formulação da pergunta é muito importante, pois apenas sabendo muito bem o que procuramos saber teremos condição de interpretar a resposta obtida. Em outras palavras, só se conhecermos bem os motivos e circunstâncias que envolvem a nossa pergunta poderemos decodificar a linguagem simbólica do oráculo. Sempre devemos lembrar que o *I Ching* não fala a nossa habitual linguagem racional, mas se exprime através de imagens simbólicas do inconsciente.

A Origem do *I Ching*

O mais antigo método chinês de adivinhação do qual se tem notícia é a leitura de sinais em ossos de boi. Em geral, a omoplata do animal era colocada sobre o fogo e, depois de algum tempo, apareciam rachaduras no osso, provocadas pelo calor, que eram então lidas como a mensagem do destino. Desse método primordial derivou-se o de queimar a carapaça da tartaruga, animal sagrado para os chineses, símbolo da estabilidade e da longevidade. Exposta também ao calor, a carapaça rachava-se e o adivinho interpretava as linhas que se tinham formado. Embora não exista nenhuma prova concreta, alguns estudiosos especulam que esse tipo de leitura de linhas originou a primeira forma de *I Ching*, constituída pelos oito trigramas básicos, que alternam linhas inteiras (yang) e cortadas (yin).

Segundo a tradição, durante a dinastia Shang (c. 1766-1122 a.C.) e durante o primeiro período da dinastia Chou, o oráculo era consultado através de varetas de caule de milefólio. O adivinho jogava as varetas e obtinha um número par ou ímpar, que determinava se a linha era inteira ou cortada. Depois de ter jogado seis vezes, o hexagrama estava formado. Assim, segundo essa hipótese, os hexagramas seriam apenas representações gráficas das combinações obtidas com as varetas. Nessa época em que o *I Ching* estava sendo elaborado, a adivinhação não era uma arte ao alcance de todos —ligada ao sistema de governo, era, portanto, uma disciplina reservada aos soberanos. Por volta de 1150 a.C., o Imperador Shang Chou Hsin, despeitado pela reconhecida capacidade de governar do Rei Wen, senhor da província de Chou, mandou aprisioná-lo. Enquanto estava preso, Wen empregou seu tempo elaborando os julgamentos que acompanham os hexagramas. Depois de um período de lutas, no qual a província de Chou se rebelou, o Rei Wen retirou-se do governo e foi sucedido pelo seu filho Wu, que derrotou a dinastia Shang, dando início à dinastia Chou. Wu, conhecido como o Duque de Chou, descobriu os estudos que o pai realizara sobre o *I Ching* e, percebendo a importância cultural que tinham, decidiu continuar a obra. Sua grande contribuição foram os 384 comentários às linhas mutáveis (ou móveis).

Muito tempo depois, o *I Ching* foi enriquecido com os comentários, atribuídos a Confúcio (adaptação ocidental do nome K'ong Fu-Tse) e alguns de seus discípulos. Posteriormente, Pu Shang, um seguidor de Confúcio, foi encarregado de difundir os conhecimentos milenares conservados no livro, formando-se então em torno dele toda uma escola filosófica, que produziu grande quantidade de textos interpretativos que, fundidos com os textos anteriores, deram origem ao que atualmente é conhecido como as *Dez Asas*. Sobrevivendo às guerras, às várias dinastias e à queima das bibliotecas, o *I Ching* atravessou os séculos até chegar ao Ocidente em fins do século passado. No entanto, *o Livro das Mutações* ainda deveria esperar até 1923 para alcançar uma tradução à altura de seus méritos. Nesse ano, depois de longas pesquisas, o sinólogo Richard Wilhelm deu a conhecer sua tradução para a língua alemã da grande obra chinesa.

(In: *I Ching - O Livro das Mutações*, Iara Rodrigues/João Stungis, Nova Cultural, São Paulo, 1985.)

A ARTE DE VIVER

GAUTIER (Theóphile) - Escritor e poeta francês, nascido em Tarbes. Inicialmente, mostrou-se inclinado pela pintura, mas sob a influência de Vitor Hugo, dedicou-se à literatura. Devido a necessidades econômicas, exerceu, também, a função de crítico dramático, literário e artístico. Entre suas obras incluem-se coletâneas de poesias, romances e críticas. Entre os romances, encontra-se *O Romance da Múmia*. Algumas de suas obras caracterizam-se pela habilidade na descrição precisa e colorida de objetos e paisagens. (1811 - 1872).

> *O acaso é o pseudônimo de Deus quando não quer assinar.*

A ARTE DE VIVER

Thomas Edison e a Sorte

Anna Sproule

A sorte começa a abandoná-lo

Edison tinha 44 anos quando, em 1891, registrou a patente do cinetoscópio. Já estava na metade da vida. Nos quarenta anos seguintes, sua reputação cresceria cada vez mais, e ele se tornaria uma lenda viva em pleno século 20, como um dos mais renomados norte-americanos vivos.

Era o Grande Homem da ciência, o amigo dos presidentes e de grandes industriais como Henry Ford. Mas ainda era o simples e engraçado Al Edison, o homem que mascava fumo, cuspia, contava casos divertidos e, com seus esquecimentos e modos muito informais, levava a paciente esposa ao desespero. Como um personagem do Velho Oeste dos filmes que havia ajudado a criar, era um herói tipicamente americano.

Herói, sim; mas o que acontecera ao inventor? Infelizmente, seus dias de glória haviam passado. Aos poucos, a sorte de Edison — o "toque mágico" que o deixara famoso —começou a declinar. É verdade que sua criatividade nunca desapareceu. As idéias emergiam sem cessar, e seu autor ainda as investigava com entusiasmo. Mas os triunfos e finais felizes tornaram-se cada vez mais raros.

Perdendo uma fortuna

Será que Edison ficou decepcionado? Ficou. Mas, sempre tímido quando se tratava de mostrar seus sentimentos mais íntimos, ria de suas frustrações. Durante a década de 1890, por exemplo, perdeu uma fortuna em um projeto para extrair ferro de depósitos de minério de baixa qualidade na costa leste dos Estados Unidos. Construiu sua própria mina em Nova Jersey e inventou uma máquina para trabalhar nela. Então, por uma extrema falta de sorte, em outro lugar foram descobertos depósitos de minério de alta qualidade cuja extração ficava mais barata. O preço do ferro despencou e o projeto de Edison faliu, levando com ele 2 milhões de dólares. "Bem", disse seu proprietário logo depois, "nos divertimos um bocado gastando este dinheiro."

Sem dar o braço a torcer, mais tarde usou a estrutura da mina para instalar uma fábrica de cimento. Em pouco tempo revolucionou a fabricação de cimento e fez experiências com estradas e depois com casas de concreto. O projeto de construção de estradas, embora fracassado, estava ligado a uma outra coisa muito mais próxima do sucesso: a produção de um carro elétrico.

Edison não seria Edison se não se envolvesse com a fabricação do automóvel, veículo que solidificaria sua amizade com Henry Ford. Os dois se conheceram em 1896, ano em que Ford lançou seu primeiro carro. Ford admirava profundamente o amigo mais velho, e os dois se davam muito bem. Edison aplaudiu a descrição que Ford lhe fez de seu veículo movido a gasolina. Mas depois, por sua própria conta, começou a trabalhar em um projeto de carro movido a bateria.

Durante dez anos, debruçou-se sobre a produção de um acumulador que mantivesse o carro andando por 160 quilômetros, com uma velocidade de 40 quilômetros por hora. Custou-lhe 1 milhão de dólares. Finalmente, em 1909, conseguiu o que queria. O acumulador estava pronto para ser comercializado, e algumas companhias lançaram carros e caminhões movidos a eletricidade. Mas, como já havia acontecido com a mina de ferro, o grande inventor não teve nenhuma sorte na escolha do momento.

Sem desistir

No ano anterior, Ford havia produzido o famoso "fordeco": o Modelo-T, barato e movido a gasolina, que tornaria o automóvel acessível aos bolsos de famílias comuns. Daí em diante, a ligação entre o carro e o motor a gasolina tornou-se indestrutível. Edison havia entrado em cena tarde demais.

Mas, ainda uma vez, ele não desistiria. Em 1912, a pedido de Ford, começou a aplicar seus conhecimentos arduamente conseguidos no projeto de uma partida automática para o Modelo-T. Na década de 20, com mais de 70 anos, Edison ainda trabalhava dezesseis horas por dia e lutava para cumprir a tarefa que o amigo lhe dera. A saga das baterias encontraria um final inesperadamente feliz depois de tanto trabalho. Embora usadas para outros fins, elas davam muito dinheiro. Haviam preenchido o objetivo primeiro de Edison, formulado tantos anos antes: inventar coisas que vendessem.

(In: *Thomas Edison*, Anna Sproule, Ed. Globo, São Paulo, 1993.)

A ARTE DE VIVER

THOMAS EDISON - Inventor, pesquisador e empresário norte-americano. Nasceu na cidade de Milan, Ohio. Famoso por suas descobertas no campo da telegrafia, cinema e eletricidade. Registrou mais de mil patentes e, entre elas, a lâmpada elétrica. Em 1928, foi agraciado com a Medalha de Honra pelo Congresso Norte-americano. Em virtude de seus inventos, aos 40 anos de idade já era conhecido no mundo inteiro. É considerado um dos maiores inventores da Humanidade. (1847 - 1931).

> O homem não alcança o êxito por acaso, mas sim direcionando seus pensamentos para um objetivo e insistindo neles.

A ARTE DE VIVER

Os Doze Teoremas do Princípio Único

George Oshawa

*A única escola que se deve freqüentar é o mundo.
O único livro que se deve ler é o da natureza.
Tudo o que se encontra neste universo infinito — e o próprio universo— é criado em espiral logarítmica, partindo da partícula elementar até às galáxias, passando por energias, átomos, montanhas, mares, planetas, estrelas, sistemas solares... todos os seres vivos, inclusive vegetais e animais.*

O que escrevi até agora pode ser resumido da seguinte forma: o Princípio Único é um monismo polarizável que nos mostra ser o Universo constituído segundo a ordem yiniológica, do qual a correspondência, simetria, complementaridade e afinidade são exemplos. Pelo Princípio Único, obtemos uma visão de conjunto de todos os fenômenos que são apenas o desenvolvimento desta ordem yiniológica, e recebemos uma chave que nos permite estabelecer uma vida sã, feliz e pacífica, transformando toda infelicidade em felicidade.

O Princípio Único é uma visão do mundo cuja idéia central é a unicidade do espírito e da matéria.

I. O Universo desenvolve-se segundo a ordem yiniológica.

II. A ordem yiniológica produz-se contínua e infinitamente em qualquer lugar, e a atividade de yin e yang (que se influenciam mutuamente) cresce e decresce sem cessar.

II. Chama-se yin tudo o que tem uma tendência de força centrífuga, de dilatação, ascenção, etc., enquanto se chama yang tudo aquilo que tem uma tendência de força centrípeta, de pressão, de descida, etc... (É a razão pela qual a calma, o frio, etc., são manifestação de yin, e a atividade, o calor, etc., são manifestação de yang).

IV. Yin e yang atraem-se mutuamente.

V. Todo fenômeno é um conjunto complexo constituído de yin e de yang combinados em proporções variáveis.

VI. Todo fenômeno é apenas um conjunto de yin e yang que manifesta um equilíbrio dinâmico.

VII. Nada é yin absoluto e puro, nem yang absoluto e puro. Tudo é relativo.

VIII. Nada é neutro. A polarização yin-yang é incessante e universal.

IX. A atração recíproca entre as coisas e os seres é proporcional à sua diferença yiniológica.

X. Os mesmos gêneros se repelem mutuamente. A força de repulsão é exercida na razão inversa de sua diferença de polaridade yin-yang.

XI. O extremo yin transforma-se em yang e yang em yin.

XII. Todos os seres e as coisas são carregados de atividade yang no interior e atividade yin no exterior.

(In: *A Ordem do Universo*, AMAI , Salvador, 1983.)

> O destino não é uma questão de sorte; é uma questão de escolha. Não é algo pelo que se espera, mas algo a alcançar.

William Jennings Bryan
(1860 - 1925)

A ARTE DE VIVER

Exercício: para Ampliar as Fronteiras

*Marilyn Ferguson,
Win Coleman & Perrin*

Em *The Search for Satori and Creativity*, o educador e pesquisador E. Paul Torrance discute o que acontece quando você mergulha num problema criativo. Talvez você olhe várias vezes para ele e não saiba o que fazer a respeito. Ou talvez a solução lhe pareça óbvia, mas não funciona quando você tenta implementá-la. Neste caso, tentar a solução inapropriada de maneira "maior e melhor" de nada ajuda.

Para ajudar na solução desses dilemas criativos, Torrance introduz o conceito de mudança de primeira e de segunda ordem. Na mudança de primeira ordem, você tenta encontrar uma solução dentro dos limites do problema. Na mudança de segunda ordem, você amplia as fronteiras do problema.

Para demonstrar esse princípio de modo simples e conciso, Torrance propõe a seguinte atividade:

> Acredito que esse conceito possa ser melhor compreendido experimentando e reexperimentando o velho problema dos nove pontos,

excelente analogia da mudança de primeira e de segunda ordem. Se você já conhece uma solução para o problema dos nove pontos, veja se consegue descobrir uma solução diferente.

O problema é pura e simplesmente o de unir os nove pontos mostrados na figura abaixo por quatro linhas retas sem levantar o lápis ou a caneta do papel. Vá com calma e tente resolvê-lo.

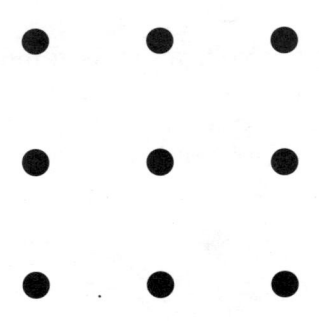

● ● ●

● ● ●

● ● ●

Você foi capaz de resolvê-lo? Em caso afirmativo, como você conseguiu romper com os guilhões da tendência natural de ver nos nove pontos apenas um quadrado e pensando na solução só em termos desse quadrado? Se você conseguir fazer isso, numerosas soluções se tornam possíveis. Caso contrário, você poderia tentar mil soluções sem sucesso. Se foi incapaz de encontrar uma solução, você vai encontrar uma das mais comuns na página seguinte.

Isso simboliza o problema das mudanças de primeira e de segunda ordem. A maioria das pessoas presume que os nove pontos contenham um quadrado e que a solução tem de ser encontrada dentro do quadrado — condição que impõem a si mesmas. O fracasso não se encontra na impossibilidade da tarefa, mas nas soluções tentadas. A pessoa continuará a fracassar enquanto só tentar as possibilidades de mudança de primeira ordem. As soluções se tornam fáceis quando rompemos com a imagem do quadrado e olhamos para fora dos nove pontos. A solução é uma mudança de segunda ordem que envolve deixar o "campo" (o quadrado).

Observe a solução mais comum do problema dos nove pontos da página anterior. Torrance pergunta: "Agora que você 'ampliou as fronteiras', consegue encontrar outras soluções?"

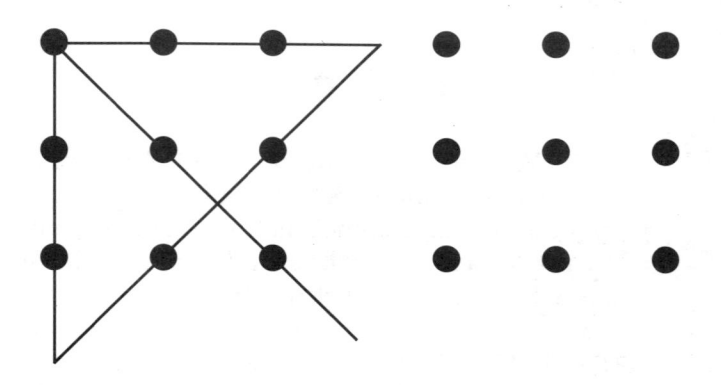

(In: *O Livro de Pragmágica de Marilyn Ferguson*, Win Coleman & Pat Perrin, Record/Nova Era, Rio de Janeiro, 1992.)

A ARTE DE VIVER

TEILHARD DE CHARDIN - Teólogo, cientista, matemático, filósofo e geólogo francês. É um dos expoentes da teologia contemporânea, que se destacou, também, em outros campos científicos e como escritor. Na filosofia, apresentou teorias mescladas de espiritualidade e ciência, porém suas teorias filosóficas desagradaram à Igreja Católica, que proibiu a leitura de seus livros. Somente após sua morte é que suas obras foram reconhecidas pelo Vaticano. Entre seus livros o que mais se destaca é *O Fenômeno Humano*. (1881 - 1955)

> O Universo, considerado em seu conjunto, não é um acaso. Tem uma finalidade e não pode parar no caminho.

A ARTE DE VIVER

O Credo do Samurai

Alan W. Watts

O Zen influenciou toda a civilização do Extremo Oriente, seu pensamento e sua ação no mundo, sua medicina, sua educação, sua psicologia, suas artes — a pintura, a literatura, a culinária, as artes marciais ou ciências.

Por dispensar todas as formas de teorização e de instrução doutrinária, o Zen exerce um fascínio peculiar sobre as mentes cansadas de religiões e de filosofias formais, pois fundamenta-se na prática e numa experiência pessoal da realidade.

Sendo uma vigorosa tentativa para entrar em contato direto com a verdade, não permitindo que teorias e símbolos se interponham entre o conhecedor e o conhecido, o Zen não se ocupa das reações intelectuais ou emocionais do homem diante da realidade, mas focaliza sua atenção na própria realidade.

Alan Watts — um dos mais importantes divulgadores do Zen-budismo no Ocidente — fornece em seus livros algumas pistas para a compreensão do Zen e traça um esboço das formas em que foi traduzido em pensamento e ação. Uma dessas formas é o *Credo do Samurai*, transcrito a seguir:

Não tenho pais; fiz do céu e da terra os meus pais.
Não tenho poder divino; fiz da honestidade o meu poder.
Não tenho meios; fiz da submissão os meus meios.
Não tenho poder mágico; fiz da minha força interior a minha magia.
Não tenho vida nem morte; fiz do Eterno a minha vida e a minha morte.
Não tenho corpo; fiz da minha força interior o meu corpo.
Não tenho olhos; fiz do relâmpago os meus olhos.
Não tenho ouvidos; fiz da sensibilidade os meus ouvidos.
Não tenho membros; fiz da velocidade os meus membros.
Não tenho desígnios; fiz da oportunidade o meu desígnio.
Não tenho milagres; fiz do Dharma o meu milagre.
Não tenho princípios; fiz da adaptabilidade a todas as coisas os meus princípios.
Não tenho amigos; fiz da minha mente o meu amigo.
Não tenho inimigos; fiz da desatenção o meu inimigo.
Não tenho armadura; fiz da boa vontade e da justiça a minha armadura.
Não tenho castelos; fiz da mente inamovível o meu castelo.
Não tenho espada; fiz do "sono da mente" a minha espada.

(In: *O Espírito do Zen*, Alan W. Watts, Editora Cultrix, São Paulo, 1988.)

A ARTE DE VIVER

LOUIS PASTEUR - Cientista, Químico e Biólogo. Nasceu em Dôle. Doutor em Química e Física. Realizou pesquisas sobre doenças infecciosas, meios de contágio, prevenção e controle de doenças. Produziu vacinas para proteger o homem de agentes patogênicos contra a hidrofobia. Foi membro da Academia das Ciências e da Academia de Medicina francesa. Fundou e dirigiu, em Paris, o Instituto Pasteur, que se tornou um dos mais importantes centros mundiais de pesquisa científica. (1822 - 1895).

"
A sorte favorece a mente bem preparada.
"

A ARTE DE VIVER

Tarô Advinhatório

Papus, Eliphas Lévi e Outros

Cartomancia sem mestre

O Tarô é uma invenção maravilhosa dos iniciados egípcios, pois é, ao mesmo tempo, um instrumento científico e adivinhatório.

Este livro, composto de 78 folhas soltas, é o mais antigo livro do mundo, sendo a chave absoluta de todo o ocultismo.

TARÔ, TORA, ROTA, ATOR — este conjunto de lâminas e de números é, sem dúvida, uma das mais puras obras-primas da Iniciação antiga.

Numerosos são os investigadores que se dedicam ao seu estudo.

Guilherme Postello chama-o *Gênese de Enoque* e indica sumariamente a sua construção.

Eliphas Lévi, seguindo os passos de Postello e Christian, completou a chave dos arcanos maiores e aplicou o Tarô à astrologia cabalística ou onomântica.

Enfim, Papus foi o único autor que estabeleceu a chave completa do Tarô, determinando a chave geral que aplica tanto aos arcanos maiores como aos menores.

O Tarô é um todo maravilhoso e o sistema que

se aplica ao corpo deve aplicar-se à cabeça e reciprocamente.

Por conseguinte, no estudo do Tarô, os arcanos menores são tão importantes como as Casas astrológicas na Astrologia.

Na antigüidade, todo sistema físico empregado para consultar o Invisível era composto de duas partes: uma fixa e outra móvel. Qualquer destas partes, geralmente, era numeral e hieroglífica.

Na Astrologia, a parte fixa é representada pelo Zodíaco e as Casas, e a parte móvel pelos planetas e seus aspectos.

A cada uma destas seções atribuíam-se números, e suas combinações por adição ou subtração, conforme os aspectos, davam a base desta Onomancia Astrológica quase perdida.

Encontram-se ainda fragmentos deste sistema nas obras de astrologia cabalística e em algumas obras de astrologia genetlíaca.

O popular jogo da glória é uma adaptação do Tarô, no qual a parte fixa é formada de números e hieróglifos, sobre a qual giram os números móveis produzidos pelos dados.

No Tarô, a parte fixa é indicada pelas quatro séries, cada uma de 14 arcanos menores, e constituída pelas quatro figuras e os dez números de cada série.

O Tarô é susceptível de uma multidão de aplicações e permite resolver, com a *Ars Magna* de Raimundo Lullo, que é uma adaptação dele, os maiores problemas da filosofia.

Porém, certamente, não é por este lado que o Tarô interessa à maioria dos leitores e o nosso fim, na presente obra, não é também apresentar o Tarô filosófico e iniciático.

O Tarô permite determinar certas leis da sorte, que o torna aplicável à adivinhação, podendo-se *deitar as cartas* com ele.

É somente do Tarô, sob o ponto de vista adivinhatório, que vamos tratar nos capítulos seguintes.

O Tarô é o pai dos nossos jogos de cartas e a sua origem perde-se na noite dos tempos.

Eis como um antiquíssimo manuscrito da Biblioteca Nacional de Paris descreveu a origem deste maravilhoso livro atribuído a Hermes:

"Transportemo-nos pelo pensamento a três mil anos atrás, no meio desta espantosa e grandiosa civilização egípcia, revelada cada dia mais, ao nosso século, pelos trabalhos dos arqueólogos.

Entremos numa destas cidades de que Paris formaria um quarteirão, atravessemos o círculo de defesa guardado por um contingente de soldados bem equipados e passemos pelo meio dos habitantes, tão numerosos e atarefados como os das nossas maiores cidades.

Em toda parte elevam-se, a prodigiosas alturas, monumentos de uma arquitetura estranha; os terraços das casas ricas indicam a primeira entrada de uma gigantesca escadaria formada pelos palácios e os templos, e dominada pela habitação silenciosa do chefe do Império.

As grandes cidades estão em toda parte fortificadas; o Nilo é preso por diques e enormes reservatórios estão prontos para receber água, transformando assim terríveis inundações em benéficas irrigações.

Tudo isto deixa supor a existência de uma ciência e de sábios; porém, onde estão eles?

Nessa época, a ciência e a religião se achavam

confundidas num só estudo, e todos os sábios, engenheiros, médicos, arquitetos, oficiais superiores, escribas, etc., chamam-se padres ou iniciados.

Evitemos confundir o padre na antigüidade com esta palavra tomada no sentido que lhe atribuem os contemporâneos, para não cairmos nos mais grosseiros erros, entre outros, no de crermos que o Egito estava entregue ao despotismo clerical na sua pior acepção.

É no templo que era dada a instrução em todos os graus, conforme métodos perfeitamente estabelecidos e imitados em todos os países do mundo nessa época.

A instrução mais elevada que o homem pode adquirir é dada, principalmente, no grande templo do Egito e é aí que vêm estudar os futuros grandes reformadores: Orfeu, Licurgo, Pitágoras, Moisés e outros.

Uma das ciências em que as investigações são mais firmes é a astronomia. Sabemos hoje, por intermédio dos sábios egípcios, que se conhecia então o movimento da Terra em relação ao Sol, assim como a posição deste em relação aos seus satélites. Uma grande parte dos contos mitológicos se refere a estes mistérios, e os sábios da época, isto é, os padres, ensinavam aos seus discípulos a astronomia por meio de pequenas lâminas que representavam os meses, as estações, os signos do Zodíaco, os planetas, o Sol, etc. É assim que fixavam na imaginação dos estudantes os dados, que, mais tarde, iam verificar na natureza.

Houve um tempo em que o Egito, não podendo mais lutar contra os seus invasores, teve de preparar-se para morrer dignamente. Foi então que os sábios egípcios (diz sempre o meu misterioso confidente) formaram uma grande assembléia para saberem como salvariam da destruição a ciência, reservada até então aos homens considerados dignos de possuí-la.

Discutiu-se, pelo que parece, primeiramente para saber se os segredos seriam confiados a homens virtuosos recrutados secretamente uns pelos outros para transmitirem estas sublimes verdades, de geração em geração. Porém, um padre, tendo observado que a virtude é a coisa mais frágil e difícil de encontrar, ao menos de um modo contínuo, propôs confiar a tradição científica ao vício.

Este conselho foi, pelo que parece, adotado e o jogo foi escolhido como vício preferido. É então que se gravaram, em pequenas lâminas, misteriosas figuras que ensinavam outrora os maiores segredos da ciência e, desde então, os jogadores transmitem de geração em geração este Tarô, melhor ainda do que o teriam feito os honestos mais virtuosos da Terra" *.

(In: *Tarô Adivinhatório - O Livro dos Mistérios e os Mistérios do Livro*, Papus, Eliphas Lévi, Bourgeat e outros, Editora Pensamento, São Paulo, 1993.)

---

* Papus

O Destino, disfarçado de anjo nesta xilogravura alemã do séc. XIV, gira sua roda para exercer a influência dos planetas individuais. A partir de Marte no meridiano, os planetas aqui simbolizados (no sentido do movimento dos ponteiros do relógio) são Júpiter, Saturno, Lua, Mercúrio, Vênus e o Sol.

A ARTE DE VIVER

Verbete Sorte
Segundo o Novo Dicionário da Língua Portuguesa

Aurélio Buarque de Holanda Ferreira

Sorte. [Do lat. *sorte*.] S. f. **1.** força que determina ou regula tudo quanto ocorre, e cuja causa se atribui ao acaso das circunstâncias ou a uma suposta predestinação: *São imprevisíveis os caprichos da sorte* **2.** Destino, fado, sina: *Nascer e morrer é a sorte de todos os viventes*. **3.** Destino, termo, fim: *Passou a vida a fazer o mal, mas teve uma triste sorte*. **4.** Modo de viver; condição social ou material: *Fez-se um plano para melhorar a sorte dos flagelados*. **5.** Acidente da fortuna; casualidade, acaso: *Enfrentou a sorte, e venceu*. **6.** Felicidade, fortuna, dita, ventura; boa estrela, boa sorte: *Teve a sorte de ver os filhos bem encaminhados; É homem de sorte*. **7.** Adversidade, fatalidade; má sorte: *os golpes da sorte; a ironia da sorte*. **8.** Acontecimento fortuito: casualidade, acaso: *Esse jogo só depende de sorte*. **9.** Modo de resolver alguma coisa ao acaso; sorteio: *Recorreram à sorte para ver quem pagaria a conta*. **10.** Bilhete ou outra coisa premiada em loteria ou sorteio: *A sorte saiu para quem mais precisava*. **11.** Quinhão ou porção que cabe a alguém numa partilha: *Não lhe coube por sorte a velha mansão de seus avós*. **12.** Arte ou manobra por meio da qual se pretende influir de modo nefasto ou benfazejo no destino de alguém; sortilégio: *A velha sabia fazer sortes para afastar o mau-olhado.* **13.** Gênero, classe, espécie: *"Sabem todos o que foi que determinou o desapreço da coroa portuguesa pelas terras achadas por Pedro Álvares Cabral: foi a ausência de riquezas de qualquer sorte, metais ou pedras preciosas, especiarias, etc."* (Rodolfo Garcia, *História Política e Administrativa do Brasil*, p. 41). **14.** Modo, maneira, forma, jeito: *Olhou-o de tal sorte que o outro logo desistiu do intento.* **15.** *Taurom.* Manobra para farpear o touro. **16.** *Tip.* Cada uma das letras ou sinais que, em quantidades determinadas, compõem uma fonte de tipos. [Cf., nesta acepç., polícia (7).] **17.** *Bras.,* CE. Cada rês que toca ao vaqueiro por pagamento. **Sorte cotó.** Bras. Pop. Pouca sorte (6); má sorte. **Sorte de campo.** Bras., RS. Medida agrária de 2.700 quadras. **Sorte grande.** Bilhete sorteado com o maior prêmio na loteria: *"— Estou pedindo a Deus que nos faça tirar a sorte grande./ — A sorte grande!... Mas como, se nós não compramos bilhetes de loteria, mamãe?"* (Vivaldo Coaraci, *91 Crônicas Escolhidas*, p. 50.) **À sorte.** Ao acaso; aleatoriamente: *Tirou um número à sorte e foi premiado.* **Dar sorte.** Bras. Ter bom êxito num empreendimento, numa atividade, em qualquer coisa; ter sorte: *Fiz umas transações, e dei sorte: fiquei independente; Não dei sorte com esse carro: vive na oficina.* **De sorte que.** De maneira que; de modo que. **Deitar a sorte.** V. ler a sorte de. **Desta sorte.** Assim; assim sendo; deste modo; destarte. **Jogar a sorte.** V. lançar a sorte. **Lançar a sorte.** Tentar obter ou resolver algo valendo-se do acaso; jogar a sorte; lançar os dados. **Ler a sorte de.** Dizer a sina, o futuro de uma pessoa pelas linhas da mão, pelas cartas do baralho, pela bola de cristal, etc.; ler a buena-dicha de; deitar a sorte. **Rebenqueado da sorte.** Bras., RS.

Desenganado, desiludido. **Tirar a sorte.** Ganhar em loteria ou sorteio. [Cf. tirar à sorte.] **Tirar à sorte.** Decidir o destino por meio de sorteio. [Cf. tirar a sorte.] **Tirar a sorte grande. 1.** Ganhar o prêmio máximo em loteria, sorteio, etc. **2.** Fig. Enriquecer de modo repentino ou imprevisível. **3.** Fig. Ser muito afortunado em determinadas circunstâncias: *Tirou a sorte grande, com o marido que tem!*

(In: *Novo Dicionário da Língua Portuguesa*, Aurélio Buarque de Holanda Ferreira, Editora Nova Fronteira, Rio de Janeiro, 1985.)

A ARTE DE VIVER

MARTIN CLARET - Empresário, editor e jornalista. Nasceu na cidade de Ijuí, RS. Presta consultoria a entidades culturais e ecológicas. Na indústria do livro inovou, criando o conceito do livro-clipping. É herdeiro universal da obra literária do filósofo e educador Huberto Rohden. Está escrevendo o livro *A Viagem Infinita — Novas Tecnologias para Atualização do Potencial Humano*. (1928 -   ).

"

Sorte não é causa; é efeito. Nós estamos causando, a todo instante, nossa própria sorte. E qualquer um pode e deve otimizá-la.

"

A ARTE DE VIVER

Auguste Domingues Ingres
(1780-1867)

A uguste Domingues Ingres — cuja obra *Édipo e a Esfinge* ilustra a capa deste livro — foi um pintor de talento, intransigente e de personalidade fascinante. Por um lado, uniu-se e defrontou-se com a arte de David, de quem foi aluno; por outro, sentiu aversão total contra o romantismo combativo, e de maneira especial contra Delacroix. Entre um e outro, Ingres tornou-se um artista de grande originalidade, um autêntico inovador no campo das formas, e iniciou um caminho que de modo irreversível levará a arte do século XX à conversão abstrata da linguagem dos signos.

Nascido em Montauban (1780), entrou na Academia de Tolosa como aluno do escultor J. P. Vigan e do pintor G. J. Roques, que o iniciou no conhecimento da obra de Rafael e no amor pela pintura antiga. Os seus estudos de pintura foram alternados com os musicais, nos quais alcançou progressos notáveis como violinista, até ao ponto de estar tentado a dedicar-se a esta arte. Após os seus primeiros êxitos na Academia de Tolosa, chegou a Paris em 1797 e entrou na oficina de David, com quem terminou a sua educação artística.

Em 1799 entrou na Escola de Belas-Artes. Obteve em 1801 o "Prix de Rome", com um tema de história antiga: *Aquiles e os Embaixadores de Agamémnon*. Até 1806 dedicou-se a pintar retratos, alguns deles vardadeiras manifestações da boa pintura que Ingres virá a realizar mais tarde. Entre eles estão: *Napoleão* e os *Magníficos Retratos da Família Revière*.

Em 1806 fez a sua viagem a Roma, passando por Florença. Instalou-se na Villa Medicis e ali permaneceu os quatro anos que durou a sua bolsa.

O trabalho de Ingres foi essencialmente o de retratista, enquanto preparava as telas preceptivas para enviar a Paris. Desta época são os belos retratos de *Madame Aymon* ou *La Belle Zélie* e o de *Madame Devauçay*.

Em 1808, como trabalho obrigatório de bolseiro, enviou a Paris a sua *Mulher no Banho* e também o *Édipo e a Esfinge*, que foram julgados severamente pelos senhores acadêmicos.

Em 1810 Ingres acabou a sua bolsa, mas ficou em Roma à sua custa. No ano seguinte enviou o seu último trabalho como aluno residente da academia, o seu *Júpter e Tétis*. Este prolongamento de sua etapa romana, agora sem as pressões dos seus trabalhos

A ARTE DE VIVER

Última Mensagem

Martin Claret

E ste livro-clipping é uma experiência educacional. Ele vai além da mensagem explícita no texto.
É um livro "vivo" e transformador.
Foi construído para, poderosamente, reprogramar seu cérebro com informações corretas, positivas e geradoras de ação.
O grande segredo para usá-lo com eficácia é a aplicação da mais antiga pedagogia ensinada pelos mestres de sabedoria de todos os tempos: A REPETIÇÃO.
Por isto ele foi feito em formato de bolso, superportátil, para você poder carregá-lo por toda parte, e lê-lo com freqüência.
Leia-o, releia-o e torne a relê-lo, sempre.
Invista mais em você mesmo.
Esta é uma responsabilidade e um dever somente seus.
Genialize-se!

acadêmicos, foi de intenso trabalho e de contínuo aumento de sua paixão pela arte. Dessa época se destaca o retrato de *Madame de Senonnes*(1814) e o retrato do *Conde Gouriev* (1821), ambos representantes de uma sociedade aristocrática e abastada.

Em 1820 Ingres mudou-se para Florença a pedido do seu amigo e escultor Bartolini. Nesta fase acentuaram-se as suas preferências pelos estudos da forma, desenvolvendo uma evolução intelectual que o levará a um classicismo mais conceitual. É nesta época que pinta o *Voto de Luís XIII* (1824), que lhe abriu as portas da fama definitiva quando, de regresso a Paris, o apresentou no Salão de 1824. Ingres recebeu, nesta altura, a cruz da Legião de Honra e foi eleito membro da Academia.

Seu *atelier* esteve aberto até 1839, data posterior ao seu regresso a Roma. Em 1826 encomendaram-lhe a *Apoteose de Homero* para o teto de uma sala do Museu, e exposto no Salão de 1827.

O seu regresso a Paris, em 1841, foi acolhido com provas de aparente conciliação pela severa crítica, com entusiasmo de seus amigos e pelo próprio rei Luís Filipe.

Daí para frente multiplicaram-se as encomendas, sobretudo os retratos, de notáveis qualidades pictóricas, poucas vezes superadas ao longo do século por outro pintor.

A Exposição Universal de Paris de 1855 significou a consagração de Ingres, já sem paliativos, frente ao seu grande "inimigo" de sempre, Delacroix.

Seu trabalho, embora escasso durante os últimos dez anos, continuou já sem sobressaltos. Destacam-se o retrato de *Madame Moitessier sentada* (1856) e o *Banho Turco* (1863), uma de suas obras mais famosas.